U0656526

日知録巻之十一

州縣賦税

王士性廣志繹曰天下賦税有土地肥瘠不甚相遠而徴科乃至懸絶者當是國初草草未定畫一之制而其後相沿不敢議耳如真定之轄五州二十七縣蘇州之轄一州七縣無論所轄即其廣輪之數真定已當蘇之五而蘇州糧二百三萬八千石真定止一十萬六千石然猶南北異也若同一北方也河間之繁富二州十六縣登州之貧寡一州七縣相去殆若莛楹而河間糧止六萬一千登州乃二十三萬六千然猶直隸山東異也若在同省漢中二州十四縣之殷庶視臨洮二州三縣之衝疲易知也而漢中

糧止三萬臨洮乃四萬四千然猶各道異也若在同道順慶不大於保寧其轄二州八縣均也而順慶糧七萬五千保寧止二萬然猶兩郡異也若在一邑則同一西南充也而負郭十里田以步計賦以田起二十里外則田以緄量不步矣五十里外田以約計不緄矣官賦無定数私價亦無定估何其懸絶也惟是太平日久累世相傳民皆安之以為固然不自覺耳夫王者制邑居民則壤成賦豈有大小軽重不同若此之甚哉且以所轄州縣言之真定三十二西安三十六開封平陽各三十四濟南三十成都三十一而松江鎮江太平止三縣漢陽興化止二縣其直隸之州則如徐州澤州之四縣郴州之五縣嘉定之六縣潼川

之七縣儼然一府也而其小者或至於無縣可轄且國初之制多因元舊平陽一路共領九州殆據山西之半至洪武二年始以澤潞遼沁四州直隸山西行省而今尚有五州若蒲州自古別為一郡屢次建言皆為户部所格歸德一州向屬開封至嘉靖二十四年始為分府天下初定日不暇給沿元之弊遂至二三百年崔銑言今之郡大者千里屬邑數十為長者名數且不能悉奚望其理也宜令大郡不過四百里邑百里然則後之王者審形勢以制統轄度幅員以界郡縣則土田以起徵科乃平天下之先務不可以慮始之艱而廢萬年之利者矣

太祖實錄洪武八年三月平陽府言所屬蒲解二州距府濶遠乞以直隸山西行省為便未許至天啟四年巡按山

西李日宣請以二州十縣分立河中府治運城以運使兼知府事運同兼清軍運副兼管粮運判兼理刑事下戶部戶部下山西山西下河東河東下平陽府議之竟寢不行按漢河東郡二十四縣後漢二十城魏正始八年分河東汾北十縣為平陽郡　此所謂欲製千金之裘而與狐謀其皮也且商雒之於關內陳許之於大梁德遠（禮記孔子閒居引詩作威儀逮逮）之於濟南潁亳之於鳳陽自古不相統屬去府既遠更添司道於是有一府之地而四五其司道者官愈多而民愈擾職此之由矣昔仲長統昌言謂諸夏有十畒共桑之迫遠州有曠野不發之田范曄酷吏傳亦言漢制宰守曠遠戶口殷大而後漢馬援傳既平交阯奏言西于縣戶有三萬六千遠界去庭千餘里（庭縣）

庭
也請分為封溪望海二縣許之華陽國志巴郡太守但望
字伯門太山人見風俗通上疏言郡境南北四千東西五千屬縣十四
土界遐遠令尉不能窮詰姦凶時有賊發督郵追案十日
乃到賊已遠逃蹤迹絕滅其有犯罪逮捕證驗文書詰訊
從春至冬不能究訖繩憲未加或遇德令是以賊盜公行
姦宄不絕太守行農桑不到四縣刺史行部不到十縣欲
請分為二郡其後遂為三巴水經注山陰縣漢會稽郡治
也永建中陽羨周嘉上書以縣遠赴會稽至難求得分置
遂以浙江西為吴以東為會稽此皆遠縣之害已見於前
事者也北齊書赫連子悅除林慮守世宗往晉陽路經是
郡因問所不便子悅答言臨水武安二縣去郡遙遠山嶺

重疊車步艱難若東屬魏郡則地平路近世宗笑曰卿徒知便民不覺損幹子悅荅以所言因民疾苦不敢以私潤負心嗟乎今之牧守其能不狥于私而計民之便者吾未見其人矣

屬縣

自古郡縣之制惟唐為得其中今考地理志屬縣之數京兆河南二府各二十河中太原二府各十三魏州十四廣州十三鎮州桂州各十一其它雖大無過十縣者此其大小相維多寡相埒均安之效不可見於前事乎後代之王猶可取而鏡也但其中一二縣之郡亦有可併憲宗元和元年割屬東川六州制曰分疆設都蓋資共理形屬壤制

亦在稍均將𢡟難以銷萌在立防而不桼故賈生之議以楚益梁宋氏之規劃荊為郢酌於前事空有變通此雖一時之言亦經邦制郡之長策也

州縣品秩

漢時縣制萬户以上為令秩千石至六百石減萬户為長秩五百石至三百石唐則州有上中下三等縣有京畿上中中下下六等品各有差太祖實録吴元年定縣有上中下三等秫粮十萬石已下為上縣知縣從六品縣丞從七品主簿從八品六萬石已下為中縣知縣正七品縣丞正八品主簿從八品三萬石已下為下縣知縣從七品丞簿如中縣之秩洪武六年八月壬辰分天下府為三等粮二

十萬石已上者為上府秩從三品二十萬石已下者為中府秩正四品十萬石已下者為下府秩從四品不知何年始改此制洪武十四年十月定考劾法府以田粮十五萬石已上州以七萬石已上縣以三萬石已上親臨王府上司軍馬守禦路當驛道邊方衝要者為繁不及此者為簡後乃一齊其品而但立繁簡之目才優者調繁不及者調簡古時列爵惟五之意遂盡亡之矣

府

漢曰郡唐曰州州即郡也唯建都之地乃曰府唐初止京兆河南二府武后以并州為太原府玄宗以蒲州為河中府益州為成都府肅宗以岐州為鳳翔府荊州為江陵府德宗以梁州為興元府唯興元以德宗行幸於此其餘皆

建都之地也舊唐書田悅傳朱滔自稱冀王悅稱魏王王武俊稱趙王又請李納稱齊王以幽州為范陽府魏州為大名府恒州為真定府鄆州為東平府李希烈傳借號以汴州為大梁府是則以州稱府者借也
後梁以汴州為開封府後唐以魏州為興唐府鎮州為真
定府冊府元龜載長興三年中書省奏本朝都長安以京兆府為上今都雒陽請以河南府為上其五府舊以鳳翔府為首河中成都江陵興元為次中興初升魏博為興唐府鎮州為真定府皆是創業興王之地宜升在五府之上合為七府至宋而大郡多升為府王明清揮麈錄曰太祖皇
帝以歸德軍節度使創業升宋州為歸德府後為應天府
太宗以晉王即位升并州為太原府真宗以壽王建儲升
壽州為壽春府仁宗以昇王建儲升建業為江寧府英宗
以齊州防禦使入繼以齊州為興德軍神宗自潁王升儲
升汝陰為順昌府哲宗自延安郡王升儲升延州為延安

府徽宗以端王即位升端州爲肇慶府欽宗自定王建儲
前已升定州爲中山府太上以康王中興升康州爲德慶
府今上以建王建儲升建安爲建寧府宣和元年六月邢
州民董世多進狀以英宗嘗爲鉅鹿郡公又知岳州孫勰
進言英宗嘗爲岳州防禦使詔加討論時邢州已升安國
軍遂以邢州爲信德府岳州爲岳陽軍是歲十月又詔以
列聖潛邸所領地再加討論以真宗嘗爲襄王升襄州爲
襄陽府仁宗嘗爲慶國公升慶州爲慶陽府英宗嘗爲宣
州刺史以宣州爲慶遠軍神宗嘗爲安州觀察使以安州
爲德安府又嘗爲光國公以光州爲光山軍哲宗嘗爲東
平軍節度使以鄆州爲東平府嘗爲均國公以均州爲武

當軍徽宗嘗爲寧國公以寧州爲興寧軍又嘗爲平江鎮江軍節度使並升爲府又以太宗嘗爲睦州防禦使升睦州爲遂昌軍今上即位之初升隆興寧國常德知府皆以潛藩擁麾之地也隋煬帝大業九年詔曰博陵昔爲定州地居衝要先皇歷試所基王化斯遠故以道冠豳風義高姚邑朕巡撫氓庶爰届茲邦瞻望郊壥懷德思止可改博陵爲高陽郡赦境内死罪已下給復一年於是召高祖時故吏皆量才授職此前代升郡故事然以先皇蒞任之邦追思舊德有此特詔至宋則但列空銜便加恩數矣

玉詔新志曰徽宗嘗封遂寧郡王升遂州爲遂寧府嘗封蜀國公升蜀州爲崇慶府沿至於今無郡不府而陸小之處如徐和澤沁郴靖邛眉之類猶以州名又有隸府之州特異其名而親理民事與縣尹無別凡唐宋舊設之州並有附郭縣而州不親民事元初省凡官令州官兼領洪武初併附郭縣入州

浦上衛曰國朝建立府州多踵勝國其最

異者則以州統縣而省縣入州刺史而下行縣　縣之隸於
令之事所謂名存實異與宋以前不同者也
州者則既帶府名又帶州名而其實未嘗管攝於州任惟倒繳
憑必錄州轉府體統乖則名實淆矣竊以為宜仍唐制凡
尚有餼羊之意
郡之連城數十者析而二之三之而以州統縣唯京都乃
稱府焉豈不畫一而易遵乎

鄉亭之職

漢書百官表縣令長皆秦官掌治其縣萬户以上為令秩
千石至六百石減萬户為長秩五百石至三百石皆有丞
尉秩四百石至二百石宋書百官制漢制丞一人尉大縣二人小縣一人是為長
吏百石以下有斗食佐史之秩是為少吏武帝紀元光六年詔曰少吏犯
禁　甯成傳為少吏必陵其長吏大率十里一亭亭有長宋書五家為伍伍長主之二伍

為什什長主之十什為里里魁主之十里為亭亭長主之史說建元以來侯者年表張章父為長安亭長失官是亭長亦稱官也十亭一鄉鄉有三老有秩張敞傳註師古曰鄉有秩者嗇夫之類也嗇夫游徼宋書又有鄉佐三老掌教化嗇夫職聽訟收賦稅游徼徼循禁賊盜宋書鄉佐有秩主賦稅三老主教化嗇夫主爭訟游徼主姦非縣大率方百里其民稠則減稀則曠鄉亭亦如之皆秦制也高帝紀二年二月令舉民年五十以上有能修行能帥衆為善置以三老鄉一人擇鄉三老一人為縣三老縣令丞尉以事相與教復勿繇戍三老為鄉官故壺關三老茂得上書言太子黃霸傳使郵亭鄉官皆畜雞豚此其制不始於秦漢也自諸侯兼并之始而管仲蔿敖子產之倫所以治其國者莫不皆然管子書曰擇其賢民使為里君而周禮地官自州長以下有黨正族師閭胥比長自縣正以下有鄙師

黨長里宰鄰長則三代明王之治亦不越乎此也夫惟於一鄉之中官之備而法之詳然後天下之治若網之在綱有條而不紊至於今日一切蕩然無有存者且守令之不足任也而多設之監司監司之又不足任也而重立之牧伯積尊累重以居乎其上而下無與分其職者雖得公廉勤幹之吏猶不能以為治而况托之非人者乎後魏太和中給事中李沖上言宜准古五家立一鄰長五鄰立一里長五里立一黨長長取鄉人彊謹者鄰長復一夫里長二黨長三所復復征戍餘若民三載無愆則陟用陟之一等孝文從之詔曰鄰里鄉黨之制所繇來久欲使風教易周家至日見以大督小從近及遠如身之使手幹之總條然

後口算平均義興訟息史言立法之初多稱不便及事旣施行計省昔十有餘倍於是海内安之後周蘇綽作六條詔書曰非直州郡之官皆須善人爰至黨族閭里正長之職皆當審擇各得一鄉之選以相監統隋文帝師心變古開皇十五年始盡罷州郡鄉官而唐柳宗元之言曰有里胥而後有縣大夫有縣大夫而後有諸侯有諸侯而後有方伯連帥有方伯連帥而後有天子由此論之則天下之治始於里胥終於天子其灼然者已故自古及今小官多者其世盛大官多者其世衰文獻通考言唐之初止有上中下都督府其後則有節度觀察團練諸使宋之初止有轉運使其後則有安撫提刑等官唐書代宗紀大曆八年九月癸未晉州男子郇模以麻辮髮持竹筐葦席哭于東市請獻三十字一字為一事其言練者請罷諸州團練使也其言監者請罷諸道監

單使興亡之塗罔不由此也

漢時嗇夫之卑猶得以自舉其職故爰延為外黃鄉嗇夫仁化大行民但聞嗇夫不知郡縣後漢書本傳而朱邑自舒桐鄉嗇夫舒縣之鄉官至大司農病且死屬其子曰我故為桐鄉吏其民愛我必葬我桐鄉後世子孫奉嘗我不如桐鄉民師古曰嘗謂烝嘗之祭及死其子葬之桐鄉西郭外民共為起冢立祠歲時祠祭至今不絕漢書循吏傳二君者皆其縣人也必易地而官易民而治豈其然哉

今代縣門之前多有牓曰誣告加三等越訴笞五十此先朝之舊治亦古者懸法象魏之遺意也今人謂不經縣官而上訴司府謂之越訴是不然太祖實錄洪武二十七年

四月壬午命有司擇民間高年老人公正可任事者理其鄉之詞訟若户婚田宅鬭毆者則會里胥决之事涉重者始白於官若不繇里老處分而径訴縣官此之謂越訴也

宣德七年正月乙酉陝西按察僉事林時言洪武中天下邑里皆置申明旌善二亭民有善惡則書之以勸懲示凡户婚田土鬭毆常事里老於此剖决今亭宇多廢善惡不書小事不繇里老輙赴上司獄訟之繁皆由於此景泰四年詔書有怠惰不務生理者許里老依教民榜例懲治 天順八年三月詔軍民之家有為盜賊曾經問斷不改者有司即大書盜賊之家四字於其門能改過者許里老親鄰人相保管方與除之此亦古者畫衣冠異章服之遺意

惟其大小之相維詳要之各執然後上不煩而下不擾唐至大曆以後干戈興賦稅煩矣而劉長卿之題雲溪李明府曰落日無王事青山在縣門蓋縣令之職猶不下侵而小民得以安其業是以能延國命百有餘年迄於僖昭

而後大壞，然則鳴琴戴星、有天下者宜有以處之矣。

洪熙元年七月丙申，巡按四川監察御史何文淵言：「太祖高皇帝令天下州縣設立老人，必選高年有德、衆有信服者，使勸民爲善。鄉閭爭訟，亦使理斷，下有益於民事，上有助於官司。比年所用多非其人，或出自隸僕，規避差科，縣官不究年德如何，輒令充應，使得憑藉官府，妄張威福，肆虐閭閻。或遇上司官按臨，巧進讒言，變亂黑白，挾制官吏。比有犯者，謹已按問如律，竊慮天下州縣類有此等，請加禁約。」上命申明洪武舊制，有濫用匪人者，并州縣官皆寘諸法。然自是里老之選輕而權亦替矣。英宗實録言：松江知府趙豫和易近民，凡有詞訟，屬老人之公正者剖斷，有忿爭不已者，則已爲之和解，故民以老人目之，當時稱爲良吏。正統以後

里老往往保留令丞朝廷因而許之尤為弊政見於景泰三年十月庚戌太僕寺少卿黄仕揚所奏

漢世之於三老命之以秩頒之以禄而文帝之詔俾之各率其意以道民當日為三老者多忠信老成之士也上之人所以禮之者甚優是以人知自好而賢才亦往往出於其間新城三老董公遮説漢王為義帝發喪而遂以收天下壺關三老茂上書明戾太子之寃史册炳然為萬世所稱道本朝之老人則聽役于官而靡事不為故稍知廉恥之人不肯為此而願為之者大抵皆姦猾之徒欲倚勢以陵百姓者也其與太祖設立老人之初意悖矣

國初以大户為糧長掌其鄉之賦税多或至十餘萬石運糧至京得朝見天子洪武中或以人材授官至宣德五年

閏十二月南京監察御史李安及江西廬陵吉水二縣耆民六年四月監察御史張政各言粮長之害謂其倍收粮石准折子女包攬詞訟把持官府累絏禁錮而其患少息然未嘗以是而罷粮長也惟老人則名存而實亡矣今州縣或謂之耆民或謂之公正或謂之約長與庶人在官者無異

巡簡即古之游徼也元史成宗大德十年正月陞巡簡為九品洪武中尤重之而特賜之敕洪武十三年二月丁卯見御製文集第七卷又定為考課之法二十五年閏十二月辛卯及江夏侯周德興巡視福建增置巡簡司四十有五二十年四月自弘治以來多行裁革所存不及曩時之半巡簡裁則總督添矣崇禎年至薊州保定各設總督唐自乾元以後節度觀察防禦使之設正與本朝累添總督巡撫兵備相類何者巡簡遏之於未萌總督治之於已

亂

里甲

常熟陳梅曰：周禮五家為比，比有長；五比為閭，閭有胥；四閭為族，族有師；五族為黨，黨有正；五黨為州，州有長；五州為鄉，鄉為大夫。其閭大小相維，輕重相制，綱舉目張，周詳細密，無以加矣。而要之自上而下，所治皆不過五人，蓋於詳密之中而得易簡之意，此周家一代良法美意也。後世人才遠不如古，乃欲以縣令一人之身，坐理數萬户口賦税色目，繁猥又倍於昔時，雖欲不叢脞，其可得乎？愚故為之説曰：以縣治鄉，以鄉治保，或謂之都。以保治甲，視所謂不過五人者而加倍焉，亦自詳密，亦自易簡，此斟酌古今之一

端也又曰一鄉幾保不妨多少何也因民居也法用圜十甲十户不得增損何也稽成數也法用方

掾屬

古文苑注王延壽桐栢廟碑人名謂掾屬皆郡人可考漢世用人之法今考之漢碑皆然不獨此廟葢其時唯守相命於朝廷而自曹掾以下無非本郡之人故能知一方之人情而為之興利除害其辟用之者即出於守相而不似後代之官一命以上皆由於吏部故廣漢太守陳寵入為大司農和帝問在郡何以為理寵頓首謝曰臣任功曹王渙以簡賢選能主簿鐔顯拾遺補闕臣奉宣詔書而已帝乃大悦至于汝南太守宗資任功曹范滂南陽太守成瑨

委功曹岑晊並謠達京師名標史傳而鮑宣為豫州牧郭欽奏其舉錯煩苛代二千石署吏是知署吏乃二千石之職州牧代之尚為煩苛今以天子而代之宜乎事煩而日不給隋文帝開皇二年罷辟署令吏部除授品官為州郡佐官其時劉炫對牛弘以為往者州唯置綱紀郡置守丞縣置令而已其餘具僚則長官自辟是知自辟掾屬即齊魏之世猶然 宋史選舉志宋初內外小職任長吏得自奏辟熙寧間悉罷歸選部然要處職任如沿邊兵官防河捕盜重課額務場之類尋又立專法聽舉於是辟置不能全廢也又其變也銓注之法改為掣籤而吏治因之大壞矣

京房傳房為魏郡太守自請得除用他郡人因此知漢時掾屬無不用本郡人者房之此請乃是破格杜氏通典言漢縣有丞尉及諸曹掾多以本郡人為之三輔縣則兼用

他郡（黄霸傳補左馮翊二百石卒史如淳曰三輔郡得任用他郡人而卒史獨二百石所謂尤異者也）及隋氏革選盡用他郡人

唐高宗時魏玄同為吏部侍郎上疏言臣聞傳説曰明王奉若天道建邦設都樹后王君公承以大夫師長不惟逸豫惟以理人昔之邦國今之州縣土有常君人有定主自求臣佐各選英賢其大臣乃命於王朝耳秦并天下罷侯置守漢氏因之有沿有革諸侯得自置吏四百石已下其傳相大官則漢為置之州郡掾吏督郵從事悉任之於牧守爰自魏晉始歸吏部遞相祖襲以迄於今用刀筆以量才按簿書而察行法令之弊其來已久蓋君子重因循而憚改作有不得已者亦當運獨見之明定卓然之議如今

選司所行者非皇上之令典乃近代之權道所宜遷革實為至要何以言之夫丈尺之量所及者蓋短鍾庾之器所積者寧多況天下之大士人之衆而可委之數人之手乎假使平如權衡明如水鏡力有所極照有所窮銓綜既多紊失斯廣又以比居此任時有非人豈直愧彼清通亦將竭其庸妄情故既行何所不至贓私一啟以及萬端至乃為人擇官為身擇利顧親疏而舉筆看勢要而措情加以厚貌深衷險如谿壑擇言觀行猶懼不周今使百行九能折之於一面具僚庶品專斷於一司其亦難矣天祚大聖比屋可封咸以為有道恥賤得時無怠諸色入流歲以千計羣司列位無復增多官有常員人無定限選集之始霧

積雲屯擢叙於終十不收一淄澠雜混玉石難分用舍去留得失相半撫即事之為獘知及後之滋失夏殷以前制度多闕周監二代煥乎可觀諸侯之臣不皆命於天子王朝庶官亦不專於一職故穆王以伯冏為太僕正命之曰慎簡乃僚無以巧言令色便辟側媚其惟吉士此則令其自擇下吏之文也太僕正中大夫耳尚以僚屬委之則三公九卿亦必然矣周禮大宰内史並掌爵祿廢置司徒司馬別掌興賢詔事當是分任於群司而統之以數職各自求其小者而王命其大者爲夫委任責成君之體也所委者當則所用者精裴子野有言曰官人之難先王言之尚矣居家視其孝友鄉黨服其誠信出入觀其志義憂歡取

其智謀煩之以事以觀其能臨之以利以察其廉周禮始於學校諱闕論之州里告諸大事而後貢之王庭其在漢家尚猶然矣州郡積其功能然後為五府所辟五府舉其掾屬而升於朝三公參得除署尚書奏之天子一人之自所閱者衆一士之進其謀也詳故官得其人鮮有敗事魏晉反是所失弘多子野所論蓋區區之宋朝耳猶為不勝其弊而況于當今乎臣竊見制書每令三品五品薦士下至九品亦令舉人此聖朝側席旁求之意也而褒貶未明莫慎所舉且唯賢知賢聖人篤論身且濫進鑒豈知人今欲務得實才兼宜擇其舉主流清以源潔影端繇表正不詳舉主之行能而責舉人之庸濫不可得已漢書云張耳陳

餘之賓客厠後皆天俊傑彼之蕞爾猶能若斯况以神下
皇之聖明國家之德業而不建久長之策為無窮之基盡
得賢取士之術而但顧望魏晉之遺風留意周隋之敝事
臣竊惑之伏願稍迴聖慮時採蒭言畧依周漢之規以分
吏部之選即望所用精詳鮮於差失疏奏不納
玄宗時張九齡為左拾遺上言夫吏部尚書侍郎以賢而
授者也雖知人之難豈不能拔十得五今膠以格條據資
配職無得賢之實若刺史縣令必得其人於管内歲當選
者使考才行可入流品然後送臺又加擇焉以所用多寡
為州縣殿最則州縣慎所舉可官之才多吏部因其成無
今日之繁矣柳渾傳德宗嘗親擇吏宰畿邑有效召宰相諭皆賀帝得人渾獨不賀曰此特京兆尹職

耳陛下當擇臣華以輔聖德臣當選京兆尹承大化尹當求令長聽細事代尹擇令非陛下所宜帝然之

都令史

通典晉有尚書都令史八人秩二百石與左右丞總知都臺事宋齊八人梁五人謂之五都令史舊用人常輕後漢百官志尚書令史十八人二百石然梁冀傳曰學生桂陽劉常當世名儒冀召補令史以辱之則知此職非士流之所為也武帝詔曰尚書五都職參政要非但總理衆局亦乃方軌二丞頃雖求才未臻妙簡可革用士流以盡時彥乃以都令史視奉朝請其重之如此彼其所謂都令史者猶為二百石之職而間用士流為之然南齊陸慧曉為吏部郎吏部都令史歷政以來咨執選事慧曉任己獨行未嘗與語帝遣人語慧曉曰都令史諳悉舊貫可共參懷慧曉曰

今之筆帖式

六十之年不復能洛都令史為吏部郎也故當日之為吏部者多充舉用人之職自隋以來令史之任文案煩屑漸為卑冗不參百官金史皇統八年用進士為尚書省令史正隆二年罷世宗紀大定二年二月甲寅復用進士為尚書省令史二十三年閏月戊午上謂宰臣曰女直進士可依漢兒進士補省令史夫儒者操行清潔非禮不行以吏出身者自幼為吏習其貪墨至於為官性不能改政道興廢實由於此章宗紀明昌二年五月戊辰詔御史臺令史並以終場舉人充李完傳言尚書省令史正隆間用雜流大定初以太師張浩奏請始統取進士天下以為當今乞以三品官子孫及終場舉人委臺官辟用上納其言選舉志言終金之代科目得人為盛諸宮護衛及省臺部譯史令史通事仕進皆列於正班斯則唐宋以來之所無者豈非因時制宜而以漢法為依據者乎以令史官至宰執者移剌道魏子平孟浩梁肅張萬公粘割幹特勤董師中王蔚馬惠迪馬諷楊伯通賈鉉孫鐸孫即康賈益謙皆有傳至於今世則品彌卑權彌重八柄詔王乃不在官而在吏矣

舊唐書許子儒居選部不以藻鑑為意有令史緱直書新舊並作句直句音勾是宋人減筆字今據册府元龜正之是其腹心每注官多委令下筆子儒但高枕而卧語緱直云平配由是補授失序傳為口實嗟乎未若今日之以緱直為當官以平配為著令也胥吏之權所以日重而不可拔者任法之弊使之然也開誠布公以任大臣疏節闊目以理庶事則文法省而徑竇清人材庸而狐鼠退矣

吏胥

天子之所恃以平治天下者百官也故曰臣作朕股肱耳目又曰天工人其代之今奪百官之權而一切歸之吏胥是所謂百官者虛名而柄國者吏胥而已郭隗之告燕昭

王曰亡國與後處吁其可懼乎秦以任刀筆之吏而亡天下此固已事之明驗也

唐鄭餘慶為相有主書滑渙久司中書簿籍與內官典樞密劉光琦相倚為姦每宰相議事與光琦異同者令渙往請必得四方書幣貲貨充集其門弟泳官至刺史及餘慶再入中書與同僚集議渙指陳是非餘慶怒叱之未幾罷為太子賓客其年八月渙贓汙發賜死憲宗聞餘慶叱渙事甚重之久之復拜尚書左僕射唐書本傳韋處厚為相有湯銖者為中書小胥其所掌謂之孔目房宰相遇休假有內狀出即召銖至延英門付之送知印宰相繇是稍以機權自張廣納財賄處厚惡之謂曰此是半裝滑渙矣乃以事

逐之冊府元龜夫身為大臣而有甘臨之憂係遯之疾則今之君子有媿於唐賢多矣

謝肇淛曰從來仕宦法網之密無如本朝者上自宰輔下至驛遞倉巡莫不以虛文相酬應而京官猶可外吏則愈甚矣大抵官不留意政事一切付之胥曹而胥曹之所奉行者不過已往之舊牘歷年之成規不敢分毫踰越而上之人既以是責下則下之人亦不得不以故事虛文應之一有不應則上之胥曹又乘隙而繩以法矣故郡縣之吏宵旦竭蹷惟日不足而吏治卒以不振者職此之繇也

又曰國朝立法太嚴如戶部官不許蘇松浙江人為之以其地多賦稅恐飛詭為奸然弊孔蠹竇皆繇吏胥堂司官

遷轉不常何知之有今户部十三司胥吏皆紹興人可謂目察秋毫而不見其睫者矣

法制

法制禁令王者之所不廢而非所以為治也其本在正人心厚風俗而已故曰居敬而行簡以臨其民周公作立政之書曰文王罔攸兼于庶言庶獄庶慎又曰庶獄庶慎文王罔敢知于兹其丁寧後人之意可謂至矣秦始皇之治天下之事無大小皆決於上上至以衡石量書日夜有呈不中呈不得休息而秦遂以亡太史公曰昔天下之綱嘗密矣然姦偽萌起其極也上下相遁至於不振然則法禁之多乃所以為趣亡之具而愚闇之君猶以為未至也杜

枉反以食少事繁自殞其軀是重身不如其愛國豈得已哉所謂鞠躬盡瘁死而已也其志亦可想矣

子美詩曰舜舉十六相身尊道何高秦時任商鞅法令如牛毛又曰君看燈燭張轉使飛蛾密其切中近朝之事乎●

漢文帝詔置三老孝弟力田常員令各率其意以道民焉夫三老之卑而使之得率其意此文景之治所以至於移風易俗黎民醇厚而上擬於成康之盛也

諸葛孔明開誠心布公道而上下之交人無間言以蕞爾之蜀猶得小康魏操吳權任法術以御其臣而篡逆相仍略無寧歲天下之事固非法之所能防也

叔向與子產書曰國將亡必多制夫法製繁則巧猾之徒皆得以法為市向雖有賢者不能自用此國事之所以日非也善乎杜元凱之解左氏也曰法行則人從法法敗則

法從人（宣公十二年傳辭）

前人立法之初，不能詳究事勢，豫為變通之地。後人承其已弊，拘於舊章，不能更革，而復立一法以救之。於是法愈繁而弊愈多，天下之事日至於叢脞，其究也眊而不行。（語出漢書董仲舒傳。師古曰：眊，不明也。）上下相蒙，以為無失祖制而已。此莫甚於有明之世，如勾軍、行鈔二事，立法以救法，而終不善者也。

宋葉適言：國家因唐五代之弊，收斂藩鎮之權，盡歸於上。一兵之籍，一財之源，一地之守，皆人主自為之也。欲專大利而無受其大害，遂廢人而用法，廢官而用吏，禁防纖悉，特與古異，而威柄最為不分。雖然，豈有是哉！故人才衰乏

嗟乎斯時尚有痛暢言之者其如後世無一人道及矣

外削中弱以天下之大而畏人是一代之法度又有以使之矣又曰今内外上下一事之小一罪之微皆先有法以待之極一世之人志慮之所周浹忽得一智自以為甚奇而法固已備之矣是法之密也然而人之才不獲盡人之志不獲伸昏然俛首一聽於法度而事功日隳風俗日壞貧民愈無告奸人愈得志此上下之所同患而臣不敢誣也又曰萬里之遠嚬伸動息上皆知之雖然無所寄任天下泛泛焉而已百年之憂一朝之患皆上所獨當而群臣不與也夫萬里之遠皆上所制命則上誠利矣百年之憂一朝之患皆上所獨當而其害如之何此夷狄所以憑陵而莫禦讎恥所以最甚而莫報也

陳亮上孝宗書曰五代之際兵財之柄倒持於下藝祖皇帝束之於上以定禍亂後世不原其意束之不已故郡縣空虛而本末俱弱

洪武六年九月丁未命有司庶務更月報爲季報以季報之爲歲報凡府州縣輕重獄囚即依律斷決不須轉發果有違枉從御史按察司糾劾令出天下便之

省官

光武中興海内人民可得而數裁十二三鄣塞破壞亭燧絶滅或空置太守令長招還流民帝笑曰今邊無人而設長吏治之如春秋素王矣以故省并郡國及官僚屢見於史而總之曰兵革既息天下少事文書調役務從簡寡至

乃十存一爲以此知省官之故緣於少事今也文書日以繁獄訟日以多而為之上者主於裁省則天下之事必將叢脞而不勝不勝之極必復增官而事不可為矣晉荀勗之論以為省官不如省事省事不如清心昔蕭曹相漢載其清静民以寧一所謂清心也抑浮說簡文案略細苛宥小失有好变常以徼利者必行其誅所謂省事也此探本之言為治者識此可無紛紛於職官多寡之間矣

切本大概也如淳注非

日知録巻之十二

選補

漢宣帝時盜賊竝起徵張敞拜膠東相請吏追捕有功效者得一切比三輔尤異如淳曰一切權時也趙廣漢奏請令長安游徼獄吏秩百石又循吏傳左馮翊有二百石卒史此之謂尤異也天子許之上命尚書調補縣令者數十人是漢時縣令多取郡吏之尤異者是以習其事而無不勝之患今則一以畀之初釋褐之書生其通曉吏事者十不一二而與弱無能者且居其八九矣又不擇其人之材而以探籌投鉤為選用之法是以百里之命付之闒茸不材之人既以害民而卒至於自害於是煩劇之區遂為官人之陷穽而年年更代其弊益深而不可振矣然漢時

之吏多通經術故張敞得而舉之宣帝得而用之今天下儒非儒吏非吏則吾又不識用之何從也

于慎行筆麈言太宰富平孫公丕揚患中人請託難於從違大選外官立為掣籤之法一時宮中相傳以為至公下逮閭巷翕然稱誦而不知其非體也古人見除吏條格却而不視以為一吏足矣何衡鑑之地自處於一吏之職而無秉成亦已陋已至於人才長短各有所宜資格高下各有所便地方繁簡各有所合道里遠近各有所準乃一付之於籤是掩鏡可以索照而折衡可以坐揣也從古以來不聞此法

南人選南北人選北此昔年舊例宋政和六年詔知縣

此識學治也往必雜言之矣

選雖甚遠無過三十驛三十驛者九百里也今之選動涉數千里風土不諳語音不曉而赴任迎家之費復不可量是率天下而路也欲除銓政之弊豈必如此而後為至公邪夫人主茍能開誠布公則自大臣已下至於京朝官無不可信之人而銓選之處有不必在京師者唐貞觀元年京師穀貴始分人於雒州置選至開耀元年以関外道里迢遞河雒之邑天下之中始詔東西二曹兩都分簡留放既畢同赴京師謂之東選是東都一掌選也黔中嶺南閩中官不由吏部委都督選擇土人補授上元高宗三年八月壬寅勅自今每年遣五品以上彊明清正官充南選使仍令御史同往注擬杜子美有送魏司直充嶺南掌選崔郎中判官詩曰選曹分五嶺使者歷三湘

〔儒學傳仲子陵蜀人典黔中選補衆傳過家西人以為榮〕大曆十四年十二月己亥詔專委南選使停遣御史是黔中嶺南閩下各一掌選也〔新書張九齡為桂州都督兼嶺南按察選補使而九齡又即嶺南之人〕李峴傳曰代宗即位徵峴為荊南節度江陵尹知江淮選補使又曰罷相為吏部尚書知江淮選舉置銓於洪州劉滋傳曰興元元年改吏部侍郎往洪州知選事時京師寇盜之後天下旱蝗穀價翔貴選人不能赴調乃命滋江南典選以便江嶺之人是江南又一掌選也宋神宗詔川陝福建廣南八路之官罷任迎送勞苦令轉運司立格就注免其赴選是亦參用唐人之法〔建炎南渡始詔福建二廣闕並歸吏部唯四川仍舊〕今之議者必曰如此多請托之門而啟受賕之徑豈唐人盡清廉而今人皆貪濁

邪夫子之告仲弓曰舉爾所知今之取士禮部以糊名取之是舉其所不知也吏部以掣籤注之是用其所不知也是使其臣拙於知人而巧於避事及乎赴任之後人與地不相宜則吏治隳吏治隳則百姓畔百姓畔則干戈興於是乎軍前除吏而并其所為尺寸之法亦不能守矣豈若廓然大公使人得舉其所知而明試以功責其成效於服官之日乎唐太宗謂侍臣曰刺史朕當自選縣令宜詔五品已上各舉一人 玄宗開元九年敕京官五品以上外官刺史四府上佐各舉縣令一人視其政善惡為舉者賞罰 本朝正統元年十一月乙卯敕在京三品以上官各舉廉潔公正明達事體堪任御史者一人在京四品官及國子監翰林院堂上官各部郎中員外郎六科掌科給

事中各道掌道御史各舉廉慎明敏寬厚愛民堪任知縣、者一人吏部更加詳察而擢用之夫欲救今時之弊必如此而後賢才可得政理可興也

自南北互選之後赴任之人動數千里必須舉債方得到官而風土不諳語言難曉政權所寄多在猾吏昔唐之季世嘗暫一行之嶺南矣文宗開成五年十一月嶺南節度使盧均諱奏伏以海嶠擇吏與江淮不同若非諳熟土風即難搜求人瘼且嶺中往日之弊是南選今時之弊是北資臣當管二十二州唯韶廣二州官僚每年吏部選授若非下司貧弱令史即是遠處無能之流比及到官皆有積債十中無一肯識廉耻臣到任四年備知情狀其潮州官

吏伏望特循往例不令吏部注擬且委本道求才若攝官應慎有聞依前許觀察使奏正事堪經久法可施行勅旨依奏冊府元龜　唐書韓初元和中為桂管觀察使部二十餘州自參軍至縣令無慮三百員吏部所補纔十一餘皆觀察使商才補職歐陽詹泉州晉江人其先皆為本州州佐縣令閩越地肥衍有山泉禽魚雖能通文書吏事不肯北官此固昔人以為敝法而改弦者矣處台衡者其可不用讀書人哉

掣籤之法未行選司猶得意為注闕雖多有為人擇地亦尚能為地擇人自新法既行莅以聽之不可知之數而繁劇之區有累任不得賢令相繼褫斥者夫君子之道在乎至公存一避嫌之心遂至以人牧為嘗試昔唐皎為吏部侍郎當引入銓或云其家在蜀乃注與吳復有言親老先

任江南郎唱之隴右吏書以為譏笑以此用人豈能致太平之理哉實録言洪武四年正月壬辰河南府知府徐麟以母老居蘄之廣濟請終養詔改麟為蘄州府知府俾就養其母聖主之興坦懷待物其所以勸群臣者至矣

萬曆末常熟顧大韶作行籤傳其文倣毛穎傳為之謂籤對主上言上而庶吉士科道之選下而鄉會試取士一皆用臣臣乃得展其材此憤世滑稽之言然以之曉人可謂罕譬而喻矣夫楚王之壓紐盆子之探符古之人用以立帝立王而今日屢屢施之選人手

唐人所謂銓者有留有放唐書選舉志凡取人之法有四一曰身體貌豐偉二曰言言辭辯正三曰書楷法遒美四曰判文理優長四事皆可取則先德行德均以才才均以勞得者為留不得者為放總

章二年司列少常伯裴行儉始設長名牓宋白曰長名牓
定留放留者入選放者不得入選長安志曰尚書省之南
別有吏部選院謂之吏
部南院選人引集之所其牓列於院外楊
國忠傳故事歲揭版南院為選式是也已定注則過門
下侍中給事中按閱有不可黜之故放者多而留者少景
雲中以宋璟為吏部尚書李乂盧從愿為侍郎皆不畏彊
禦請謁路絕集者萬餘人留者三銓不過二千人服其公
宋時此法猶存孝宗乾道元年五月乙亥詔未銓試人毋
得堂除未有若今代之一登科而受祿如持券者也

停年格

今之言停年格者皆言起於後魏崔亮今讀亮本傳而知
其亦有不得已也傳曰遷吏部尚書時羽林新害張彞之

後靈太后令武官得依資入選官員既少應選者多前尚書李韶循常擢人衆情嗟怨亮乃奏為格制不問賢愚專以停解日月為斷雖復官須此人停日後者終於不得庸才下品年月久者則先擢用沉滯者皆稱其能亮外甥司空諮議劉景安以書規亮曰殷周以鄉塾貢士兩漢由州郡薦才魏晉因循又置中正諦觀在昔莫不審舉雖未盡美足應十收六七而朝廷貢秀才止求其文不取其理察孝廉唯論章句不及治道立中正唯辨氏族不考人才至於取士之途不博沙汰之理未精而舅屬當銓衡宜改張易調如之何反為停年格以限之天下之士誰復脩厲名行哉亮荅書曰汝所言乃有深致吾乘時徼倖得為吏部尚

書常思同升舉直以報明主之恩乃其本願昨為此格有條而然今已為汝所怪千載之後誰知我哉古今不同時宜須異何者昔有中正品其才第上之尚書尚書據狀量人授職此乃與天下群賢共爵人也吾謂當爾之時無遺才無濫舉矣而汝猶云十收六七況今日之選專歸尚書以一人之鑑照察天下劉毅所云一吏部兩郎中而欲究竟人物何異以管窺天而求其博哉今勳人甚多又羽林入選武夫崛起不解書計唯可彊弩前驅指蹤捕噬而已忽令垂組秉軒責以治效是所謂未曾操刀而使專割文武人至多官員至少設令十人共一官猶無官可授況一人望一官何由不怨哉吾近面執不宜使武人入選請

賜其爵厚其禄既不見從是以権立此格限以停年耳昔子産鑄刑書以救敝叔向譏之以正法何異汝以古禮難権宜哉仲尼有言知我者春秋罪我者亦春秋吾之此指其猶是也但令将來君子知吾意焉後甄琛元脩義城陽王徽相繼為吏部尚書利其便己踵而行之自是賢愚同貫涇渭無别魏之失才自亮始也辛班為吏部尚書上言黎元之命繫於長史若使唯取年勞不簡賢否義均行雁次若貫魚執簿呼名一吏足矣數人而用何謂銓衡書奏不報然觀其答書之指考其時事由羽林之變既始息於前武人之除復濫開於後不得已為此例今也上無陵歷之勲人下無謀呼之叛黨何疑何憚而不復前王之制乃以停年為斷乎

魏書辛雄傳上疏言自神龜末來專以停年為選士無善惡歲久先敘職無劇易名到授官執案之吏以差次日月為功能銓衡之人以簡用老舊為平直且庸劣之人莫不貪鄙委斗筲以共治之重託碩鼠以百里之命皆貨賄是求肆心縱意禁制雖煩不勝其欲致令徭役不均發調違謬箕斂盈門因執滿道二聖明詔寢而不遵畫一之法懸而不用自此夷夏之民相將為亂盖由官授不得其人百姓不堪其命故也嗚呼此魏之所以未久而亡也歟

北齊書文襄帝紀攝吏部尚書魏自崔亮以後選人常以年勞為制文襄乃釐改前式銓擢惟在得人又沙汰尚書郎妙選人地以光之至於才名之士咸被薦擢

通典唐自高宗麟德以後承平既久人康俗阜求人者衆選人漸多總章二年裴行儉為司列少常伯始設長名姓歷牓引銓注之法又定州縣官資高下陞降以為故事其後莫能革焉至玄宗開元十八年行儉子光庭為侍中兼吏部尚書先是選司注官惟視其人之能否或不次超遷或老於下位有出身二十餘年不得祿者又州縣亦無等級或自大入小或初近後遠皆無定制光庭始奏用循資格新唐書本傳初吏部求人不以資考為限所奬拔惟其才往往得俊又任之士亦自奮其後士人猥衆專務趨競銓品枉撓光庭懲之因行儉長名牓乃為循資格凡官罷滿以若干選而集各有差等官高者選少卑者選多無能論否選滿則注限年躡級不得越踰非負譴者皆有升無降庸愚沉滯者皆喜謂

之聖書雖小有常規而掄材之方失矣其有異才高行聽擢不次然有其制而無其事有司但守文奉式循資例而已自宋以下年資之制大抵皆本於光庭也

宋孫洙資格論曰三代以下選舉之法其始終一切皆失者其國家資格之制乎今賢材之伏於下者資格閡之也職業之廢於官者資格牵之也士之寡廉鮮耻者爭於資格也民之困於虐政暴吏資格之人衆也萬事之所以抏弊百吏之所以廢弛法制之所以頽爛決潰而不之救者皆資格之失也惟天之生大賢大德也非以私享其人將使之輔生民之治者也惟人之有大材大賢者非以獨樂其身將以振民生之窮者也今小人累日而取貴仕君子

側身而困卑位賢者戴不肖於上而愚者役智於下爵不考德祿不授能故曰賢材之伏於下者資格閡之也才足以堪其任小拘歲月而防之矣力足以稱其位增累考級而得之矣所得非所求也所求非所任也位不度才功不索實故曰職業之廢於官者資格牵之也今夫計歲閥而爭年勞者日夜相鬭也有司蹴一石差一級則攝衣而群爭趨矣其甚者或懷黄數而置於丞相之前也其行義去市賈者亡幾耳故曰士之寡廉鮮耻者爭於資格也來而暴一邑既歲滿矣又去而虐一州也非以贓敗至死不黜虎吏劘牙而食於民賢者欝死於岩穴而赤子不得受其父母也故曰民之困於虐政暴吏者資格之人衆也夫

資格之法起於後魏崔亮而復行之於唐之裴光庭是二子者其當世固已罪之不特後人之譏矣然而行之前世不過數十年者也後得稱職者矯而更之故其患不大今資格之弊流漫根結墮為常法方且世世而遵行之矣往者不知非來者不知矯故曰萬事抗弊百吏廢弛法制頹爛決潰而不之救也雖然不無小利也小便也利之者惷愚而廢滯者也便之者耋老而庸昏者也而於天下國家焉則大失矣大害也然而提選部者亦以是法為簡而易守也百品千群不復銓叙人物而綜覈功實一吏在前勘簿呼名而授之矣坐廟堂者亦以是法為要而易行也大官大職列籍按氏差第日月遝然而登之矣上下相冒而

賢材去愈遠爲可大息也爲今之急誠宜大蠲弊法簡拔異能爵以功爲先後用以才爲序次無以積勤累勞者爲髙叙無以深資久考者爲優選智愚以别善否陳前而萬事不治無功不懲者臣愚未嘗聞也

金章宗謂宰臣曰今之用人太拘資歷循資之法起於唐代如此何以得人平章政事張汝霖對曰不拘資格所以待非常之材上曰崔祐甫爲相未踰年薦八百人豈皆非常之材歟

銓選之害

宋葉適論銓選之害曰夫甄别有序黜陟不失者朝廷之要務也故自一命以上皆欲用天下之所謂賢者而不以

便其不肖者之人竊怪人主之立法常為不肖者之地而消靡其賢才以俱入於不肖而已而其官最要其害最甚者銓選也 吏部者朝廷喉舌之處也尚書侍郎者天子貴近之臣也處之以其地任之以其官與之甄別黜陟天下士大夫之柄而乃立法以付之曰吾一毫不信汝也汝一毫不自信也其人之賢否其事之罪功其地之遠近其資之先後其祿之厚薄其闕之多少則曰是一切有法矣天下法度之至詳曲折詰難之至多士大夫不能一舉措手足者顧無甚於銓選之法也嗚呼與人以官賦人以祿生民之命致治之本由此而出矣奈何舉天下之大柄而自束縛蔽蒙之乃為天下大弊之源乎 雖然是幾百年於

是矣其相承者非一人之故學士大夫勤身苦力誦說孔孟慱道先正未嘗不知所謂治道者非若今日之法度也及其一旦之為是官喋舌拱手四顧吏胥以問其所當知之法令吏胥上下其手以視之其人亦抗然自辯曰吾有司也固當守此法而已嗟夫豈其人之本若是陋哉陛下有是名器為鼓舞群動之具與奪進退以叙天下何忍襲數百年之弊端汩没於區區壞爛之法以消靡天下之人才而甘心以便其不肖如此則治道安從出而治功安從見哉况自唐中世以前吏部用人之意猶有可考今之所循者乃其衰亂之餘弊耳百王之常道不容於陛下而不復也

楊萬里作選法論其上篇曰臣聞選法之弊在於信吏而不信官信吏而不信官故吏部之權不在官而在吏三尺之法適足以為吏取富之源而不足以為朝廷為官擇人之具所謂尚書侍郎二官者據案執筆閉目以書紙尾而已且夫吏之犯法者必治而受賕者必不赦朝廷之意豈真信吏而不信官者邪非朝廷之意也法也意則信官也法則未嘗信官也朝廷亦不自信也天子不自信則法之可否孰決之決之吏而已矣夫朝廷之立法本以防吏之為姦而其用法也則取於吏而為決則是吏之言勝於法而朝廷之權輕於吏也其言至於勝法而其權至重於朝廷則吏部長貳安得而不吏之奉哉長貳非曰奉吏也曰

是時之所謂例也

吾奉法也然而法不決之於官而決於吏非奉吏而何夫是之謂信吏而不信官今有一事於此法曰如是可如是而不可士大夫之有求於吏部有持牒而請曰我應夫法之所可行而吏部之長貳亦曰可宜其爲可無疑也退而吏出寸紙以告之曰不可既曰不可矣宜其爲不可無改也未幾而又出寸紙以告之曰可且夫可不可者有一定之法而用可不可之法者無一定之論何爲其然也吏也士大夫之始至也恃法之所可亦恃吏部長貳之賢而不謁之吏故與長貳面可之退而問之吏吏曰法不可也長貳無以詰則亦曰然士大夫於是不決之法而不請之長貳而以市於吏吏曰可也而勿亟也伺長貳之遺忘而畫取

其諾昨奪而今與朝然而夕不然長貳不知也朝廷不訶也吏部之權不歸之吏而誰歸夫其所以至此其始也有端其積也有漸而其成也植根甚固而不可動搖矣然則曷為端其病在於忽大體謹小法而已矣吏者從其所謹者而中之并與其所忽者而竊之此其為不可破也且朝廷何不思之曰吾之銓選果止於謹小法而已則一吏孰筆而有餘也又焉用天下之賢者以為尚書侍郎也哉則吾之所以任尚書侍郎者殆不止於謹小法而已是故莫若略小法而責大體使知小法之有所可否初無繫於大體之利害則吏部長貳得以出意而自決之要以不失夫銓選之大體而不害夫立法之大意而已責大體而略

小法則不決之於吏而吏之權漸輕吏權漸輕然後長貳之賢者得以有爲而選法可以漸革也其下篇曰臣聞吏部之權不異於宰相亦不異於一吏夫宰相之於一吏不待智者而知其懸絕也既曰吏部之權不異於宰相又曰亦不異於一吏者何也今夫進退朝廷之百官賢者得以用而不肖者得以黜此宰相之權也注擬州縣之百官下至於簿尉而上至於守貳此吏部之權也朝廷之百官自大科異等與夫進士甲科之首者未有不由於吏部也未有不由於吏部而官者今日之簿尉未必非他日之宰相而况今日宰相之所進退者臺閣之所布列者皆前日之升階揖侍郎者也故曰吏部之權不異於宰相雖然吏部之

所謂注擬何也始入官者則得簿尉自簿尉來者則得令丞推而上之至於幕職由是法也又上之至於守貳由是法也其宜得者則曰應格其不宜得者則曰不應格曰應格矣雖貪者疲愞者老耄者乳臭者愚無知者庸無能者皆得之得者不之媿與者不之難也曰不應格矣雖直賢實能廉潔守志之士皆不得也不得者莫之怨不與者莫之恤也吏部者曰彼不媿不怨吾事畢矣如幕焉書其後之高下而甲乙之按其役之遠近而勞逸之呼一吏而閱之簿盡矣此縣令之止小民之爭也吏部注擬百官而寄之以天下之民命乃亦止於止爭而已矣故曰亦不異於一吏今吏部亦有所謂銓量者矣揖之使書以觀其能

書手否也召醫而視之以探其有疾與否也贊之使拜以試其視聽之明暗筋力之老壯也曰銓量者如是而已矣而賢不肖愚知何别焉昔晉用山濤為吏部尚書而中外品員多所啟拔宋以蔡廓為吏部尚書郎先使人告宰相徐羨之曰若得行吏部之職則拜不然則否羨之答云黄散以下皆委廓猶以為失職遂不拜蓋古之吏部雖黄門散騎皆由吏部之較選是當時之為吏部者豈止取若今所謂應格者而為黄散哉抑將止取今所謂銓量者而為黄散邪 宋史蘇紳傳上言古者自黄散而下及隋之六品唐之五品皆吏部得專去留今審官院流内銓則古之吏部三班院古之兵部不問官職之閑劇才能之長短惟以資歷深淺為先後有司但主簿籍而已欲賢不肖有别不可得也 臣願朝廷稍增重尚書之權使之得以察百官

之能否而與奪之如丞簿以下官小而任輕者固未能人人而察之也至於縣宰之寄以百里之民者守貳之寄以一郡之民者豈不重哉且天下幾州一州幾縣一歲之中居者待者之外到部而注擬縣宰者幾人守貳又幾人則亦不過三數百而已以一歲三數百之守貳縣宰而散之於三百六旬之日則一日之注擬者絶多補寡亦無幾爾一歲之間而不能察三數百人之能否則其為尚書者亦偶人而已矣月計之而不粗歲計之而不精則其州縣之得人豈不十而五六哉雖不五六豈不十而三四哉以此較彼不猶愈乎或曰尚書之權重則將得以行其私奈何是不然昔陸贄請令臺省長官各舉其屬而德宗疑諸

司所舉皆有情故或受賕者贊諫之曰陛下擇相亦不出臺省長官之中豈有為長官則不能舉一二屬吏居宰相則可擇千百具僚其要在於精擇長吏贊之説盡矣今朝廷百官孰非宰相進擬者而不疑也至於吏部長貳之注擬而獨疑其私乎精擇尚書而假之以與奪之權使得精擇守貳縣宰而無專拘之以文法庶乎天下不才之吏可以汰而天下之治可以復興也與

紹興三十二年吏部侍郎淩景夏言國家設銓選以聽群吏之治其掌於七司著於令甲所守者法也今升降於胥吏之手有所謂例焉長貳有遷改郎曹有替移來者不可復知去者不能盡告索例而不獲雖有强明健敏之才不

復致議引例而不當雖有至公盡理之事不可復伸貨賂公行姦弊滋甚嘗觀漢之公府有辭訟比尚書有失事比比之為言猶今之例今吏部七司空置例冊凡經申請或堂白或取旨者每一事已命郎官以次擬定而長貳書之於冊永以為例每半歲上於尚書省仍関御史臺如此則巧吏無所施而銓叙平允矣淳熙元年參知政事龔茂良言法者公天下而為之者也例者因人而立以壞天下之公者也昔之患在於用例破法今之患在於因例立法自例行而法廢矣故諺稱吏部為例部是則銓政之害在宋時即已患之而今日尤甚所以然者法可知而例不可知吏胥得操其兩可之權以市於下世世相傳而雖以朝廷

之力不能援而去之甚哉例之為害也　又豈獨吏部然哉古無例字只作列礼記閒傳罪多而刑五喪多而服五上附下附列也註列等比也釋文徐邈音　即後人例字至漢何武傳曰欲除吏先為科例以防請託杜欽傳曰不為陛下廣持平例王莽傳曰太傅平晏從吏過例始加人作例

冦萊公為相章聖嘗語兩府欲擇一人為馬步軍指揮使公方議其事吏有以文籍進者公問何書對曰例簿也公曰朝廷欲用一衙官尚須簡諱例邪安用吾輩壞國政者正由此爾司馬溫公與呂惠卿論新法於上前溫公曰三司使掌天下財不才而黜之可也不可使兩府侵其事今為制置三司條例司何也宰相以道佐人主安用例苟用例則胥吏足矣今為看詳中書條例司何也惠卿不能對

員缺

員缺之名自晉時已有之晉書王蘊傳遷尚書吏部郎每一官缺求者十輩（世説註引山濤啓事曰吏部郎史曜出缺處當選）魏書元修義傳遷吏部尚書時上黨郡缺中散大夫高居求之至唐趙憬審官六議遂有人少闕（缺字同）多人多闕少之語而崔湜以中書侍郎知吏部選事至逆用三年員闕令狐峘在吏部楊炎爲侍郎至分闕以惡闕與炎其名相傳至今不改矣

舊唐書德宗紀御史大夫崔從奏兵戎未息仕進頗多比來每至選集不免據闕留人嘗嘆遺才仍招怨望此亦似今之截留候選也

大唐新語劉思立為考功員外子憲為河南尉思立今日亡明日選人有索憲闕者載深咨嗟以為名教所不容乃書其無行注名籍其人比出選門為衆目所視衆口所訾亦趦趄而失步矣朝廷咸謂載能振理風俗自今言之不過索一丁憂之缺亦何至見擯於清議耶不知繇是心推之則有其親未死而設為機阱以謀奪其處亦人情之所必至者矣孟子曰人能充無欲害人之心而仁不可勝用也人能充無穿窬之心而義不可勝用也苟反是而充之其亦何所不至耶顧後之持銓衡者常以正風俗為心則國家必有得人之慶矣

人材

宋葉適言法令日繁治具日密禁防束縛至不可動而人之智慮自不能出於繩約之内故人材亦以不振今與人稍談及度外之事輒搖手而不敢為夫以漢之能盡人材陳湯猶扼腕於文墨吏而况於今日乎宜乎豪傑之士無以自奮而同歸於庸懦也

使枚乘相如而習今日之經義則必不能發其文章使管仲孫武而讀今日之科條則必不能運其權畧故法令者敗壞人材之具以防姦宄而得之者什三以沮豪傑而失之者常什七矣

自萬曆以上法令繁而輔之以教化故其治猶為小康萬曆以後法令存而教化亡於是機變日增而材能日減其

君子工於絶纓而不能獲敵之首其小人善於盜馬而不肯救君之患誠有如墨子所云使治官府則盜竊守城則倍畔使斷獄則不中分財則不均呂氏春秋所云處官則荒亂臨財則貪得列近則持諫將衆則罷怯又如劉蕡所云謀不足以翦除姦兇而詐足以抑揚威福勇不足以鎮衛社稷而暴足以侵害閭里者嗚呼吾有以見徒法之無用矣

實録言宣德五年八月丙戌上罷朝御文華殿學士楊溥等侍上問庶官之選何術而可以盡得其人溥對曰嚴薦舉精考課何患不得上曰近代有罪舉主之法夫以一言之薦而欲保其終身不亦難乎朕以爲教養有道人才自

自出漢董仲舒言素不養士而欲求賢猶不琢玉而求文采此知本之論也徒循三載考績之文而不行三物教民之要雖堯舜亦不能以成允釐之治矣

保舉

宋史元祐初司馬光為相奏曰為政得人則治然人之才或長於此而短於彼雖皋夔稷契各守一官中人安可求備故孔門以四科取士漢室以數路得人若指瑕掩善則朝無可用之人苟隨器授任則世無可棄之士臣備位宰相職當選官而識短見狹士有恬退滯淹或孤寒遺逸豈能周知若專引知識則嫌於私若止循資序未必皆才莫若使有位達官各舉所知然後克叶至公野無遺賢矣欲

乞朝廷設十科舉士一曰行義純固可爲師表科有官無官人皆可舉二曰節操方正可備獻納科舉有官人三曰智勇過人可備將帥科舉文武有官人四曰公正聰明可備監司科舉知州以上資序五曰經術精通可備講讀科有官無官人皆可舉六曰學問該博可備顧問科同上七曰文章典麗可備著述科同上八曰善聽獄訟盡公得實科舉有官人九曰善治財賦公私俱便科同上十曰練習法令能斷請讞科同上應職事官自尚書給舍諫議寄祿官自開府儀同三司至大中大夫職自觀文殿學士至待詔每歲須於十科内舉三人仍具狀保任中書置籍記之異時有事須材即執政案籍視其所嘗被舉科格隨事試之有勞又著之籍内外官闕取嘗試有效者隨科授職

所賜誥命仍脩所舉官姓名其人任官無狀坐以繆舉之
罪所貴人人重慎所舉得人光又言朝廷執政惟八九人
若非交舊無以知其行能不惟涉循私之嫌兼所取至狹
豈足以盡天下之賢才若採訪譽名則情偽萬端與其聽
游談之言曷若使之結罪保舉故臣奏設十科以舉士其
公正聰明可脩監司誠知請屬挾私所不能無但有不一如
所舉譴責無所寬宥則不敢妄舉矣
明主勞於求賢而逸於任人韓非子云王登為中牟令吕氏
春秋作任登言中牟士中章胥己襄主曰子見之我將以為中
大夫其相室曰中大夫晉重列也今無功而受君其耳而
未之目邪襄主曰我取登既耳而目之矣登之所取又耳

而目之是耳目人終無已也此執要之論也善乎子夏之告樊遲曰舜有天下選於衆舉臯陶不仁者遠矣湯有天下選於衆舉伊尹不仁者遠矣

唐書崔祐甫爲相薦舉惟其人不自疑畏推至公以行日除十數人未逾年除吏幾八百員多稱允當帝謂曰人言卿擬官多親舊何耶對曰陛下令臣進擬庶官夫進擬者必悉其才行若素不知聞何由得其實帝以爲然以德宗之猜忌而猶能聽之愈乎近代之人主也李絳傳德宗問多公親舊何邪祐甫對曰所問當與不當耳非臣親舊孰知其才其不知者安敢與官時以爲名言

正統三年十一月乙未行在通政司左通政陳恭言古者擇任庶官悉由選部是以責任專而事體一頃者今朝臣

各薦所知恐開私謁之門而長奔競之風乞令杜絶一歸銓部事下行在吏部尚書郭璡等覆奏曰往時朝廷慮典銓者未盡知人故勅廷臣各舉所知其法良矣脫有徇私邦憲昭然誰肯同蹈今恭聽流言　尼良法未見其當也乞令仍舊從之

閨防

隋書酷吏傳庫狄士文為貝州刺史凡有出入皆封署其門僮僕無敢出外此今日居官通例而史以為異常事豈非當日法制雖嚴而閑防未若今之密乎末世人習澆訛防閑日甚少不禁飭則奸宄之徒投間抵隙無所不至長吏到官以防閑為第一義然愚以為但無至公之心以御

之爾世説晉文王親愛阮嗣宗從容言嘗游東平樂其土風願得為東平太守文王從其意阮騎驢徑到郡至則壞府舍諸壁障使内外相望然後教令一郡清肅十餘日復騎驢去唐姚合為武功尉其縣居詩曰朝朝門不閉長似在山時在曠達之士猶且為之而況於大賢也

大唐新語姜晦為吏部侍郎性聰悟識理體舊制吏曹舍宇悉布棘以防令史與選人交通及晦領選事盡除之大開銓門示無所禁有私引置者晦輒知之召問莫不首伏初朝廷以晦改革前規咸以為不可竟銓綜得所賄賂不行舉朝歎服

太祖實録洪武二十年八月壬申上謂刑部尚書唐鐸工

部侍郎秦逵都察院左都御史詹徽等曰朕初於文籍設關防印記者本以絶欺蔽防奸偽特一時權宜爾果正人君子焉用是為自今六科有關防印記俱銷之仍移文諸司使知朕意

封駁

人主之所患莫大乎唯言而莫予違齊景公燕賞於國内萬鍾者三千鍾者五令三出而職計莫之從公怒令免職計令三出而士師莫之從晏子春秋此畜君之詩所為作也漢哀帝封董賢而丞相王嘉封還詔書胡三省曰後世給舍封駁本此後漢鍾離意為尚書僕射數封還詔書自是封駁之事多見於史而未以為專職也唐制凡詔勅皆經門下省事有不便

得以封還而給事中有駁正違失之掌著於六典唐書給事中在
漢為加官至唐屬之門下省使之駁正奏抄塗竄詔勅之不便如袁高崔植韋弘景狄兼
謩鄭肅韓佽韋溫鄭公輿之輩竝以封還勅書垂名史
傳亦有召對慰諭如德宗之於許孟容中使嘉勞如憲宗
之於薛存誠者而元和中給事中李藩在門下制勅有不
可者即於黃紙後批之吏請別連白紙藩曰別以白紙是
文狀也何名批勅宣宗以右金吾大將軍李燧為嶺南節
度使已命中使賜之節給事中蕭倣封還制書上方奏樂
不暇別召中使使優人追之節及燧門而返人臣執法之
正人主聽言之明可以竝見德宗時盧杞量移饒州刺史制出給事中袁高執之不下
擢浙東觀察判官齊摠為衢州刺史給事中許孟容封還
詔書　憲宗末皇甫鎛奏減內外官俸以助國用給事中

崔植封還詔書　穆宗時授李訓四門助教給事中鄭肅
韓佽封還制書　太僕卿給事中韋弘景封還詔
書　文宗時敕官典犯贓者給事中狄兼謩封還勅書
宣宗時赦康季榮禮用官錢給事中封還勅書　懿宗時
貶右補闕王譜給事
中鄭公輿封還勅書

五代廢弛宋太宗淳化四年六月戊寅始復給事中封駁而司馬池猶謂門下雖有封駁之名而詔書一切自中書以下非所以防過舉也本朝雖罷門下省長官而獨存六科給事中以掌封駁之任旨必下科其有不便給事中駁正到部謂之科參若曰抄出駁之抄出覆之是也六部之官無敢抗科參而自行者故給事中之品卑而權特重萬曆之時九重淵默泰昌以後國論紛紜而維持禁止往往賴抄參之力

天啟六年大理寺正許志吉以請旌母節
事為禮科右給事中張惟一抄參具疏申
辯奉旨參駁係科臣職掌許志
吉險辯飾辯著罰俸三箇月

今人所不知矣

元城語録曰王安石薦李定時陳襄彈之未行已擢監察御史裏行宋次道封還詞頭辭職清波雜志唐制唯給事得封還詔書富鄭公知制誥日封劉從愿妻遂國夫人公乃繳還詞頭後人追踵而行之中書舍人繳還詞頭自此始罷之次直呂大臨再封還之最後付蘇子容又封還之更奏復下至於七八子容與大臨俱落職奉朝請名譽赫然此乃祖宗德澤百餘年養成風俗與齊太史見殺三人而執筆如初者何異

日知録卷之十三

部刺史

漢武帝遣刺史周行郡國省察治狀黜陟能否斷治冤獄以六條問事一條強宗豪右田宅踰制以強陵弱以衆暴寡二條二千石不奉詔書倍公向私旁詔牟利侵漁百姓聚斂為姦三條二千石不卹疑獄風厲殺人怒則任刑喜則任賞煩擾刻暴剝削黎元為百姓所疾山崩石裂妖祥訛言四條二千石選署不平苟阿所愛蔽賢寵頑五條二千石子弟怙倚榮勢請託所監六條二千石違公下比阿附豪傑通行貨賂割損政令又令歲終得乘傳奏事夫秩卑而命之尊官小而權之重此小大相制內外相維之意

也元城語録漢元封五年初置刺史部十三州秋分行郡國秩六百石而得按二千石不法其權最重秩卑則其人激昂權重則能行志本自秦時遣御史監諸郡史記言秦始皇分天下以為三十六郡郡置守尉監盖罷侯置守之初而已設此制矣漢書百官表監御史秦官掌監郡漢丞相遣史分刺州不常置武帝元封五年初置部刺史掌奉詔條察州秩六百石員十三人成帝末翟方進何武乃言春秋之義用貴治賤不以卑臨尊刺史位下大夫而臨二千石輕重不相準請罷刺史更置州牧秩兩（二）千石而朱博以漢家故事置郡刺史秩卑而賞厚咸勸功樂進州牧秩真二千石位次九卿九卿缺以高第補其中材則苟自守而已恐功效陵夷姦軌不勝於是罷州牧復置刺史後漢書劉焉傳靈帝政化衰缺四方兵寇焉以刺史威輕建議改為牧伯請選重臣以居其任從之州任之重自此而始劉昭之論以

為刺史監糾非法不過六條傳車周流匪有定鎮秩裁六百未生陵犯之釁成帝改牧其萌始大（唐戴叔倫撫州刺史廳壁記云漢置十三部刺史以察舉天下之法通籍殿中乘傳奏事居靡定處權不牧人）合二者之言觀之則州牧之設中材僅循資自全强者至奪權裂土（新唐書李景伯為太子右庶子與太子舍人盧備議今天下諸州分隸都督專生殺刑賞使授非其人則權重釁生非强幹弱枝之誼願罷都督留御史以時按察秩卑任重以制姦宄便由是停都督）然後知刺史六條為百代不易之良法而今之監察御史巡按地方為得古人之意矣（唐書監察御史掌分察百僚巡按州縣）又其善者在於一年一代夫守令之官不可以不久也監臨之任不可以久也久則情親而弊生望輕而法玩故一年一代之制又漢法之所不如而察吏安民之效已見於二三百年者也（唐李嶠請十州置御史一人以周年

為限使其親至屬縣或入閭里督察姦訛觀採風俗此法正本朝所行若夫倚埶作威受賕不法此特其人之不稱職耳不以守令之貪殘而廢郡縣豈以巡方之濁亂而停御史乎至於秩至七品與漢六百石制同王制天子使其大夫為三監監於方伯之國國三人金華應氏曰方伯者天子所任以總乎外者也又有監以臨之蓋方伯權重則易專大夫位卑則不敢肆此大小相維內外相統之微意也何病其輕重不相準乎夫不達前人立法之意而輕議變更未有不召亂而生事者吾於成哀之際見漢治之無具矣

唐自太宗貞觀二十年遣大理卿孫伏伽黃門侍郎褚遂良等二十二人以六條巡察四方黜陟官吏帝親自臨決

巡按之名當攷

牧守已下以賢能進擢者二十人以罪死者七人其流罪已下及免黜者數百人已後頻遣使者或名按察或名巡撫至玄宗天寶五載正月命禮部尚書席豫等分道巡按天下風俗及黜陟官吏此則巡按之名所由始也

玄宗開元一十三年二月辛亥置十道採訪處置使詔曰言念蒼生必心偏於天下自古良牧福猶潤於京師所以歷選列城肆求連率豈徒刺察將委戢寧朝散大夫簡較御史丞閔內宣諭賑給使上柱國盧絢等任寄已深聲實兼茂咸通於理道益純固於公心或華髮不衰或白圭無玷可以軌儀郡國康濟黎元聞歲以年數州失稔頗致流冗能勿軫懷而吏或不畏不仁不安不便誠須矯過

必在任賢庶蠲疾苦之源以協大中之義若令行一道利及萬人朕所設官以俟能者唐開元中或請選擇守令停採訪使姚崇奏十道採訪猶未盡得人天下三百餘州縣多數倍安得守令皆稱其職

于之定筆塵曰元時風憲之制在内諸司有不法者監察御史劾之在外諸司有不法者行臺御史劾之即令在内道長在外按臺之法也惟所謂行臺御史者竟屬行臺歲以八月出巡四月還治乃長官差遣非由朝命其體輕矣本朝御史總屬内臺奉命出按一歲而更與漢遣刺史法同唐宋以來皆不及也唐中宗神龍二年遣十道巡察使詔二周年一替韋忠讜言御史一出當動搖震慴州縣本朝多有其人

金史宗雄傳自熙宗時遣使廉問吏治得失世宗即位凡

數歲輒一遣黜陟之故大定之間郡縣吏皆奉法百姓滋殖號為小康章宗即位置九路提刑使（此即今按察使）

六條之外不察

漢時部刺史之職不過以六條察郡國而已不當與守令事（三國志司馬宣王報夏侯太初書秦時無刺史但有郡守長史漢家雖有刺史奉六條而已故刺史稱傳車其吏言從事居無常治吏不成臣其後轉吏為官司耳）故朱博為冀州刺史勅告吏民欲言縣丞尉者刺史不察黃綬各自詣郡鮑宣為豫州牧以聽訟所察過詔條被劾而薛宣上疏言吏多苛政政教煩碎大率咎在部刺史或不循守條職舉錯各以其意多與郡縣事翟方進傳言遷朔方刺史居官不煩苛所察應條輒舉自刺史之職下侵而守令始不可為天下之事

猶治絲而棼之矣

太祖實録洪武二十六年四月諭按治江西監察御史花綸等自今惟官吏貪墨黷法及事重者如律逮問其細事毋得苛求

隋以後刺史

秦置御史以監諸郡漢省丞相遣史分刺州不常置武帝元封五年初置十三州刺史各一人魏晉以下為刺史持節都督（魏志言自漢季以來刺史總統諸郡賦政於外非若曩時司察之任而已漢時止十三州至梁時南方一偏之地遂置一百七州）隋文帝開皇三年郡罷以州統縣（杜氏通典曰以州治民職同郡守無復刺舉之任）自是刺史之名存而職廢後雖有刺史皆太守之互名（有時改郡為州則謂之刺史有時改州為郡則謂之太守一也）非舊刺史

之職理一郡而已由此言之漢之刺史猶今之巡按御史魏晉以下之刺史猶今之總督隋以後之刺史猶今之知府及直隸知州也新唐書地理志曰唐興高祖改郡為州太守為刺史宋真宗咸平四年左司諫知制誥楊億疏言昔自秦開郡置守漢以天下為十三郡命刺史以領之自後因郡為州以太守為刺史降及唐氏亦嘗變更曾未數年又仍舊貫今多命省署之職出為知州又設通判之官以為副貳此權宜之制耳豈可為經久之訓哉臣欲乞諸州並置刺史以戶口多少置其俸祿分下中上緊望雄之等級品秩之制率如舊章與常參官比視階資出入更踐省去通判之目但置從事之員建廉察之府以統臨按輿地之圖而區

處昔太平興國初詔廢支郡出於一時十國為連周法斯在一道置使唐制可尋至若號令之行風教之出先及於府府以及州州以及縣縣及鄉里自上而下由近及遠譬如身之使臂臂之使指提綱而衆目張振領而群毛理由是言之支郡之不可廢也明矣臣欲乞復置支郡隷於大府量地理而分割如漕運之統隷名分有倫官業自舉又覩唐制内外官奉錢之外有禄米職田又給防閤庶僕親事帳内執衣白直門夫各以官品差定其數歲收其課以資於家本司又有公廨田食本錢以給公用自唐末離亂國用不充百官奉錢竝減其半自餘別給一切權停今郡官於半奉之中已是除陌又於半奉三分之内其二以他

物給之鬻於市歷十載得其一二曾餬口之不及豈代耕之足云昔漢宣帝下詔云吏能勤事而奉祿薄欲其無侵漁百姓難矣遂加吏奉著於策書竊見今之結髮登朝陳力就列其奉也不能致九人之飽不及周之上農其祿也未嘗有百石之入不及漢之小吏若乃左右僕射百僚之師長位莫崇焉月奉所入不及軍中千人之帥豈稽古之意哉欲乞今後百官奉祿雜給並循舊制既豐其稍入可責以廉隅官且限以常員理當減於舊費觀此則今代所循大抵皆家之餘弊矣

知縣

知縣者非縣令而使之知縣中之事知猶管也杜氏通典所謂

簡較試攝判知之官是也唐姚合為武功尉作詩曰今朝知縣印夢裏百憂生唐人亦謂之知印其名始於貞元已後其初尚帶一權字白居易集有裴克諒權知華陰縣令制曰華陰令卒非選補時唐制凡選始於孟冬終於季春唐皎傳貞觀中官吏部侍郎先是選集四時補擬不為限皎請以冬初集盡季春止復遂為法調相勉農政不可缺前鎮國軍判官試大理評事裴克諒久佐本府頗有勤績屬邑利病爾必周知宜假銅墨試其才理待有所立方議正名是權知者不正之名也至於普設知縣則起自宋初本朝實事云五代任官凡曹掾簿尉之齷齪無能以至昏老不任驅策者始注縣令故天下之邑率皆不治求刻剝猥迹萬狀至優諢之言多以令長為笑魏泰東軒筆錄曰建隆三

年始以朝官為知縣其間復參用京官或幕職為之宋史言宋初内外所授官多非本職惟以差遣為資歷建隆四年詔選朝士分治劇邑大理正奚嶼知館陶監察御史王祐知魏揚應夢知永濟屯田員外郎于繼徽知臨清常參官宰縣自此始又曰初州郡多闕官縣令選尤猥下多為清流所鄙薄每不得調乃詔吏部選幕職官為知縣自此以後遂罷令而設知縣沿其名至今

雲麓漫鈔曰唐制縣令闕佐官攝令曰知縣事李翺任工部誌文云攝富平尉知縣事是也今差京官曰知縣差選人曰令與唐異矣

宋時結（給）銜曰以某官知某府事以某官知某州事以某官

知其縣事以其本非此府此州此縣之正官而任其事故然山堂考索藝祖開基召諸鎮會于京師賜第以留之分命朝臣出守列郡號權知軍州事軍謂兵州謂民也于慎行筆麈曰宋時大縣四千戶以上選朝官知小縣三千戶以下選京官知故知縣與縣令不同以京朝官之銜知某縣事非外吏也如建隆三年宛向令侯陟以清幹聞擢左拾遺知縣事是也今則直云某府知府某州知州某縣知縣文複而義舛矣

北齊宰縣多用廝濫至於士流恥居百里北史元文遙傳五代選令必有鄙猥之人自古以來以社稷民人寄之猥瑣者有此二敗以今某古得無同之

知州

宋葉適言五代之患專在於藩鎮藝祖思靖天下以為不削節度則其禍不息於是始置通判以監統刺史而分其

柄命文臣權知州事使名若不正任若不久者以輕其權宋敏求曰凡節度州為三品刺史州為五品國初曹翰以觀察使判潁州是以四品臨五品州也同品為知隔品為判自後唯輔臣宣徽使太子太保僕射為判餘並為知州監當知榷稅都監總兵戎而太守者郎史刺垷然徒管空城受詞訴而已諸鎮皆束手請命歸老宿衛昔日節度之害盡去而四方萬里之遠奉尊京城文符朝下期會夕報伸縮緩急皆在朝廷矣是宋初本有刺史而别設知州以代其權後則罷刺史而專用知州以權設之名為經常之任矣

新唐書元和初李吉甫為相病方鎮彊恣為帝從容言使屬郡刺史得自為政則風化可成帝然之出郎吏十餘人爲刺史宋祖之以京官臨制州縣葢趙公開其端矣

知府

唐制京郡乃稱府至宋則潛藩之地皆升爲府宋初太宗真宗皆嘗爲開封府尹後無繼者乃設權知府一人以待制以上充皇朝政畧凡命知府必帶權字以翰林為之翰林學士及雜學士若待制則權發遣而已陸游渭南集權知府自李符始崇寧三年蔡京乞罷權知府置牧尹各一員牧以皇子領尹以文臣充是權知府者所以避京尹之名也今則直命之爲知府非也

守令

所謂天子者執天下之大權者也其執大權奈何以天下之權寄之天下之人而權乃歸之天子自公卿大夫至於百里之宰一命之官莫不分天子之權以各治其事而天

子之權乃益尊後世有不善治者出焉盡天下一切之權而收之在上而萬幾之廣固非一人之所能操也沈約宋書論曰孝建泰始主威獨運空制百司權不外假而刑政糾雜理難徧通而權乃移於法於是多為之法以禁防之雖有姦宄有所不能踰而賢智之臣亦無能效尺寸於法之外相與兢兢奉法以求無過而已於是天子之權不寄之人臣而寄之吏胥是故天下之尤急者守令親民之官而今日之尤無權者莫過於守令守令無權而民之疾苦不聞於上安望其致太平而延國命乎書曰元首叢脞哉股肱惰哉萬事墮哉蓋至於守令日輕胥吏日重則天子之權已奪而國非其國矣尚何政令之可言邪削考功之繁科循久任之成效必得其人而與之

以權庶乎守令賢而民事理此今日之急務也

元吳淵穎歐陽氏急就章解後序曰今之世每以三歲為守令滿秩曾未足以新一郡之耳目而已去又況用人不得專辟臨事不得專議錢糧悉拘於官而不得專用軍卒弗出於民而不得與聞蓋古之治郡者自辟令丞唐世之大藩亦多自辟幕府僚屬是故守一郡之事或司金穀或按刑獄各有分職守不煩而政自治雖令之主一邑丞則贊治而掌農田水利主簿掌簿書尉督盜賊令亦不勞獨議其政之可否而已今自一命而上皆出於吏部遇一事公堂完署甲是乙否吏或因以為姦勾稽文墨補苴罅漏塗搽歲月填塞辭款而益不能以盡民之情狀至於

唐世之賦上供送使留州自有定額兵則郡有都試而惟守之所調遣家之盛時歲有常貢官府所在用度贏餘過客往来廪賜豐厚故士皆樂於其職而疾於赴功兵雖不及於唐義勇民丁團結什伍衣裝弓弩坐作擊刺各保鄉里敵至即發而郡縣固自兼領者也今則官以錢粮為重不留贏餘常俸至不能自給故多贓吏兵則自近戍遠既爲客軍尺籍伍符各有統帥但知坐食郡縣之租稅然已不復繫守令事矣夫辟官涖政理財用人郡縣之四權也而今皆不得以專之是故上下之體統雖若相維而令不一法令雖若可守而議不一為守令者既不得其職將欲議其法外之意必且玩常習故辟嫌礙例而皆不足以有

為而況三時耕稼一時講武不復古法之便易而兵農益分遇歲一儉郡縣之租税悉不及額軍無見食東那西挟倉廩空虚而郡縣無復贏蓄以待用或者水旱洊至閭里蕭然農民菜色而郡縣且不能以振救而坐至流亡是以言治事而事權不在於郡縣言興利而利權不在於郡縣言治兵而兵權不在於郡縣尚何以復論其富國裕民之道哉必也復四者之權一歸於郡縣則守令必稱其職國可富民可裕而兵農各得其業矣

宋理宗淳祐八年監察御史兼崇政殿說書陳求魯奏令日救弊之策大端有四宜採夏侯太初併省州郡之議俾縣令得以直達於朝廷用宋元嘉六年為斷之法俾縣令

得以究心於撫字法藝祖出朝紳為令之典以重其權遵光武擢卓茂為三公之意以激其氣然後為之正其經界明其版籍約其妄費裁其橫歛此數言者在今日亦可采而行之

舊唐書烏重胤傳元和十三年為橫海節度使上言曰臣以河朔能拒朝命者其大畧可見蓋刺史失其職反使鎮將領兵事若刺史各得職分又有鎮兵則節將雖有祿山思明之姦豈能據一州為叛哉所以河朔六十年能拒朝命者秖以奪刺史縣令之職自作威福故也臣所管棣景德三州已舉公牒各還刺史職事訖應在州兵並令刺史收管從之由是法制脩立各歸名分是後雖幽鎮魏三州

以河北舊風自相更襲在滄州一道獨稟命受代自重肩
制置使然也
祖宗朝凡大府知府之任多有賜勑然無常例成化四年
六月廉州府知府邢正將之任以廉州密通珠池嵠襟交
阯近為廣西流賊攻陷城邑生民凋獘特請賜勑從之吉
安府知府許聰將之任以吉安多强宗豪右詞訟繁興亦
請賜勑俾得權宜處置從之
　　刺史守相得召見
兩漢之隆尤重太守史言孝宣拜刺史守相輒親見問觀
其所繇退而考察所行以質其言有名實不相應必知其
所以然常稱曰庶民所以安其田里而亡歎息愁恨之心

者政平訟理也與我共此者其惟良二千石乎當日太守常得召見或賜璽書堂陛之間不甚淵絕文帝謂季布曰河東我股肱郡故特召君耳武帝賜嚴助書曰久不聞問具以春秋對毋以蘇秦縱橫賜吾丘壽王書子在朕前之時知略輻湊及至連十餘城之守任四千石之重（師古曰都太守都尉皆二千石今壽二為都尉不置太守故云四千石也）職事竝廢盜賊縱橫甚不稱在前時何也光武勞郭伋曰賢能太守去帝城不遠（伋為潁州太守）河潤九里冀京師竝蒙福也天下之大不過數郡國而二千石之行能皆獲簡於帝心是以吏職脩而民情達以視後世之寄耳目於監司飾功狀文簿者有親疎繁簡之不同矣其在唐時有存此意玄宗開元十三年上自選諸

司長官有聲望者十一人為刺史命宰相諸王餞於雒濱
御書十韻詩賜之宣宗時李行言自涇陽縣令除海州刺
史李君毬自醴泉令除懷州刺史皆承之民言擢以御筆
入謝之日處分州事萬里之遠如在階前夫人主而欲親
民必自其親大吏始矣

冊府元龜憲宗元和三年二月勑許新除官及刺史等假
日於宣政門外謝便進狀辭其授官於廟堂禮謝並不須
候假開國朝舊制凡命都督刺史皆臨軒冊拜特示恩禮
近歲雖不冊拜而牧守受命之後皆便殿口對賜衣蓋以
親人（唐諱民字改曰人）之官恩禮不可廢也時宰相李吉甫之甥
裴復新除河南少尹求速之任適遇寒食假吉甫特奏請

遂兼刺史同有是命非舊典也今日則名為陛辭而不得一見天顔堂簾内外之分益為邈絶

漢令長

漢時令長於太守雖稱屬吏然往往能自行其意不為上官所奪如蕭育為茂陵令會課育第六而漆令郭舜殿見責問育為之請扶風怒曰君課第六裁自脱何暇欲為左右言及罷出傳召茂陵諸後曹當以職事對育徑出曹書佐隨育育案佩刀曰蕭育杜陵男子何詣曹也遂趨出欲去官明旦詔召入拜為司隸校尉育過扶風府門官屬掾吏數百人拜謁車下陶謙為舒令太守張磐同郡先輩與謙父友意殊親之而謙恥為之屈嘗舞屬謙謙不為

起固强之乃舞舞又不轉磐曰不當轉邪譙曰不可轉轉則勝人如此事在今日即同列所難堪而昔人以行之上官漢時長吏之能自樹立可見於此矣

宋史司馬池傳授永寧主簿與令相惡池以公事謁令令南向倨坐不起池挽令西向偶坐論事不為少屈

京官必用守令

通典言晋制不經宰縣不得入為臺郎魏肅宗時吏部郎中辛雄上疏以為郡縣選舉由來共輕宜改其弊分郡縣為三等三載黜陟有稱職者方補京官如不歷守令不得為内職則人思自勉唐張九齡言於玄宗曰古者刺史入為三公郎官出宰百里致理之本莫若重守令凡不歷都

督刺史雖有高第不得任侍郎列卿不歷縣令雖有善政不得任臺郎給舍督都守令雖遠者使無十年任外從之詔三省侍郎缺擇嘗任刺史者郎官缺嘗擇任縣令者宣宗大中改元制曰古者郎官出宰郡守入相所以重親人之官急為政之本自澆風久扇此道寖消頡頏清塗便臻顯貴治人之術未嘗經心欲使究百姓艱危通天下利病不可得也軒墀近臣蓋備顧問如不知人疾苦何以膺朕眷求今後諫議大夫給事中中書舍人未曾任刺史縣令者宰臣不得擬議宋孝宗時臣僚言吏事必歷而後知人才必試而後見為縣令者必為丞簿為郡守者必為通判為監司者必為郡守皆有差等未歷親民不宜驟擢因定

知縣以三年為任非經兩任不除監察御史此開元乾道之吏治所以獨高於近代也本朝綸扉之地必取詞林名在丙科始分銅墨於是字人之職輕而簿書錢穀之司一歸之俗吏矣漢語有云取官漫漫怨死者半風俗通而宋神宗嘗謂宰臣曰朕思祖宗百戰而得天下今以州郡付之庸人常切痛心後之人君其以斯言書之坐右乎

貞觀初馬周上言古者郡守縣令皆妙選賢德欲有所用必先試以臨人或由二千石高第入為宰相今獨重內官縣令刺史頗輕其選又刺史多武夫勲臣或京官不稱職始出補外折衝果毅身力強者入為中郎將其次乃補邊州而以德行才能擢者十不能一所以百姓未安殆由於

此夫以太宗之政而禹周猶有此言則知重內輕外自古之所同患人主苟欲親民必先親牧民之官而後太平之功可冀矣

宗室

漢唐之制皆以宗親與庶姓參用入為宰輔出居牧伯者無代不有漢孝昭始元二年以宗室無在位者舉茂才劉辟彊劉長樂皆為光祿大夫辟彊守長樂衛尉孝平元始元年詔宗室為吏舉廉佐史補四百石師古曰言宗室為吏者皆令舉廉各從本秩而依廉吏遷之為佐史者例補四百石唐玄宗開元二十五年五月辛丑命有司選宗子有才者宗正薦四從叔前奉令知正四從叔前祁縣令志遠五從弟雒陽尉遇六從弟酸棗丞良

五從弟武進尉朏五從姪鄭縣尉瞻五從姪前宋州參軍承嗣皆授臺省官及法官京縣官詔曰至公之用本無偏黨惟善所在豈隔親疎四從叔知正等咸有才名見推公族秉惟清之操兼致遠之資朕每慮同盟不勤於德常懸右職以勸其從先委宗卿精為内舉量能考行歷在踰時名數則多升聞蓋寡光膺是選諒在得人固可擢以清要遷於臺閣將觀志於七子冀籍名於八人書不云乎九族既睦平章百姓凡今懿戚可不慎與違道漫常義無私於王法脩身效節恩豈薄於他人期於帥先勵我風俗深於自勉以副明言天寶三年五月詔皇五等以下親及九廟子孫有材學政理委宗正寺揀擇聞薦憲宗元和三年詔畧同德宗

貞元二年八月以睦王府長史嗣虢王則之為左金吾大將軍謂宰臣曰朕不欲獨用外戚故選宗室子有才行者獎拔之昭宗乾寧二年六月丁亥朔以京兆尹嗣薛王知柔兼戶部尚書判度支兼諸道鹽鐵轉運等使制曰支度牢籠之務弛張經制之宜當擇通才俾繼成績僉曰叔父膺予簡求匪私吾宗示張王室故終唐之世有宰相十一人鄆王房有林甫回鄭王房有程石福小鄭王房有勉夷簡宗閔恒山王房有適之吳王房有峴惠宣太子房有知柔而舊史贊之曰我宗之英曰臯嗣曹王與勉宗子京以為周唐任人不疑得親親用人之道惟本朝不立此格於是為宗屬者大抵皆溺於富貴妄自矯矜不知禮義至甚貧者則游手逐食靡事不為名曰天枝實為棄物宋時凡宗室之不肖

者俗呼為潑撒太尉曹同所謂今之州牧郡守古之方伯諸侯或比
國数人或兄弟竝據而宗室子弟曾無一人間厠其間六代
論正本朝今日之事也崇禎時始行換授之法而教之無
数舉之無術未見有卓然樹一官之績者三百年來當國
大臣皆畏避而不敢言至先帝獨斷行之而已晚矣然則
親賢竝用古人之所以有國長世者後王其可不鑒乎正統
十四年也先犯京師詔諸王率兵勤王已而虜退詔止之大理寺丞薛瑄奏宜擇諸王最賢者二三人召來參議天
政臣輔聖明帝曰不必召
光武中興實頼諸劉之力乃即位已後但有續封之典而
無舉賢之詔明章已下渥恩教訓徒先四姓小侯明帝永
平九年為四姓小侯開立學校置五經師註四姓樊氏郭氏陰氏馬氏其子弟號曰小侯而不聞加意

於宗屬者,然而親疏並用,猶法西京,故靈獻之世,荆表益焉,各專方鎮,而昭烈乘之以稱帝於蜀,若顛木之有由蘖。其與宋之二王航海奔亡,一敗而不振者,不可同年而語矣。

唐末屯田郎中李衢作皇室維城録,其有感於宗枝之不振(史言自玄宗以後,諸王不出閤,不分房。自永王璘舉兵,而人主疏忌其兄弟矣。),蓋使得自樹功名,如曹王皋者三五人,参錯天下,為牧帥,亦何至大盜覆都,強臣問鼎,而十六宅諸王並殲於逆豎之手也。

宗室自天啟二年開科,得進士一人,朱慎鏊,列名奄案,為宗人羞,此不教不學之所致也。崇禎中得進士十二人,惟朱統鉓起家庶吉士,官至南京國子監祭酒,而其始館選

時尚有以宗生為疑吏部尚書王永光曰既可以中翰郎可以庶常遂取之其他換授甚多然當板蕩之際才畧無聞

五禖組宋時宗室散處各郡縣入籍應試在京師者別為玉牒所籍至紹興十一年從程克俊言以所考合格宗室附正奏名殿試其後禖進諸科與寒素等而宦績相業亦相望不絕書

張邦基墨莊漫録言國朝宗室例除環衛裕陵始以非袒免補外官繼有登科者然未有為侍從宣和五年始除子崧諱徽猷閣待制繼而子湜亦除八年又除子櫟乃靖康之變已不旋踵本朝之事與宋一轍

昔後魏元志為雒陽令不避彊禦孝文帝謂邢巒曰此兒竟可謂王孫公子不鏤自雕巒曰露竹霜條故多勁節非鸞則鳳其在本枝也人主之宗屬豈必無才能優於庶姓者哉

閔管蔡之失道而作常棣（諱）之詩以親其兄弟此周之所以興懲吳楚七國之變而抑損諸王至於中外殫微本末俱弱此西漢之所以亡（宋沈懷文諫孝文曰陛下既明管蔡之誅頗崇唐衛之寄深得富辰之諫　王楷）夫惟聖人以至公之心處親疏之際故有國長久而天下蒙其福矣

金史宗國公壽世宗子越王永功之子也天興初國事危急曹王出質壽已臥疾求入見哀宗於隆德殿上問叔父

欲何言璹奏曰聞訛可曹王名欲出議和訛可年幼恐不能辦大事臣請副之或代其行上慰之曰南渡後宣宗遷汴國家比承平時有何奉養然叔父亦未嘗沾溉無事則置之冷地無所顧籍有急則拔之不測叔父盡忠固可天下其謂朕何叔父休矣於是君臣相顧泣下金雖夷狄之邦而其言有足悲者章宗防制刻削兄弟而其禍卒至於此豈非後王之永鑒哉

自古帝王為治之道莫先於親親而本朝之待親王及其宗屬也則位重而愈疎祿多而愈貧誠有如漢哀帝時杜業上言宗室諸侯微弱與繫囚無異者英宗實錄載景泰三年七月甲辰陝西布政司言秦愍王子故庶人尚炌男

識不可□也

女十人皆未有室家請如詔於軍民之家自擇昏配從之時其長女年四十長子年三十八矣此去開國八九十年太祖之曾孫而怨曠之感不得上聞已如此又況數傳而下者乎於其請名請昏無不有費而不副其意郎部中為之沮閣

宋史趙希躍傳宗姓多貧而始生有訓名為人後有過禮吏受賕匕藝莫敢自陳雲麓漫鈔言宗籍凡袒免親以上皆賜名乃有寓不典之言及取怪僻字但以為戲笑本朝之病同此

宗室之子固鮮脩飭而朝臣視之若非其同類者唐書言德宗初政諸王有官者皆令出閤就班岳陽等一十縣主

在諸王院久而未適人者悉命以禮出降二百年來無有以建中故事為朝廷告者崇禎中唐王後為隆武皇帝作書述閣老于文定之言曰唐玄宗十五宅百孫院皆在京師凡有所請皆賂韓虢而後得憲宗時諸王久不出閤亦必厚賂宦官始得所請彼以宗室近屬且聚居都邑猶不免於夤緣況以千里外之藩封二百年之支屬有不結納左右以為倚託哉嗚呼文定之言結納左右而得請猶未襲也今之懇乞下僚卑哀吏胥不如是則終不得請不愈甚乎又曰漢臣之言曰有白頭老人教臣言嗚呼余繼之矣夫一夫吁嗟王道為虧今且閭閻蔀屋猶得被雲雨之施而且目之所不及恩澤之所不周未有甚於皇族者扶杖作而

晉微角弓刺而周替可以為後王之殷鑒矣

藩鎮

國朝之患大畧與宋同岳飛説張所曰國家都汴恃河北以為固苟馮據要衝峙列重鎮一城受圍則諸城或撓或救金人不敢窺河南而京師根本之地固矣文天祥言本朝懲五季之亂削除藩鎮一時雖足以矯尾大之弊然國以寖弱故敵至一州則一州破至一縣則一縣殘今宜分境内為四鎮使其地大力衆足以抗敵約日齊奮有進無退彼備多力分疲於奔命而吾民之豪傑者又伺間出於其中則敵不難卻也嗚呼世言唐亡藩鎮而中葉以降其不遂并於吐蕃回紇滅於黄巢者未必非藩鎮之力宋至

靖康而始立四道金至元興而始建九公不已晚乎

尹源唐説曰世言唐所以亡由諸侯之强此未極於理夫弱唐者諸侯也唐既弱矣而久不亡者諸侯維之也燕趙魏首亂唐制專地而治若古之建國此諸侯之雄者然皆恃唐為輕重何則假王命以相制則易而順唐雖病之亦不得而外焉故河北順而聽命則天下為亂者不能遂其亂河北不順而變則姦雄或附而起德宗世朱泚李希烈始遂其僭而終敗亡田悦叛於前武俊順於後也憲宗討蜀平夏誅蔡夷鄆兵連四方而亂不生卒成中興之功者田氏稟命王承宗歸國也武宗將討劉稹之叛先正三鎮絶其連衡之計而王誅以成如是二百年姦臣逆子專國

命者有之矣將相者有之而不敢窺神器非力不足畏諸侯之勢也及廣明之後關東無復唐有方鎮相侵伐者猶以王室為名及梁祖舉河南劉仁恭輕戰而敗羅氏內附王鎔請盟於是河北之事去矣梁人一舉而代唐有國諸侯莫能與之爭其勢然也向使以僖昭之弱參巢蔡之亂而田承嗣守魏王武俊朱滔據燕趙彊相均地相屬其勢宜莫敢先動況非義舉乎如此雖梁祖之暴不過取霸於一方爾安能彊禪天下故唐之弱者以河北之強也唐之亡者以河北之弱也或曰諸侯強則分天子之勢子何議之過乎曰秦隋之世無分於諸侯而亡速於唐何如哉不獨此也契丹入大梁而不能有者亦以藩鎮之勢重也

王應麟曰郡縣削弱則夷狄之禍烈矣

宋史劉平為鄜延路副總管上言五代之末中國多事唯制西戎為得之中國未嘗遣一騎一卒遠屯塞上但任土豪為衆所服者封以州邑征賦所入足以贍兵養士由是無邊鄙之虞太祖定天下懲唐末藩鎮之盛削其兵柄收其賦入自節度以下第坐給俸禄或方面有警則總師出討事已則兵歸宿衛將還本鎮彼邊方世襲宜異於此而誤以朔方李彝興靈武馮繼業一切亦從內地自此靈夏仰中國戍守千里饋糧兵民並困矣宋初之事折氏襲而府州存繼捧朝而夏州失一得一失足以為後人之鑑也

賈昌朝為御史中丞請陝西緣邊諸路守臣皆世帯安撫蕃

部之名擇其族大有勞者為首帥如河東折氏之比庶可以為藩籬之固

路史封建後論曰天下之枉未足以害理而矯枉之枉常深天下之弊未足以害事而救弊之弊常大方至和之二年范蜀公為諫院建言恩州自皇祐五年秋至去年冬知州者凡七換河北諸州大率如是欲望兵馬練習安可得也伏見雄州馬懷德恩州劉渙冀州王德恭皆材勇智慮可貴辦治乞令久任然事勢非昔今不從其大而徒舉三二州為之以一簣障河海猶無益也請以昔者河東之折靈武之季與夫馮暉楊重勛之事言之馮暉節度靈武而重勛世有麟秦藩屏西北它日暉卒太祖乃徙其子馮翊

而以近鎮重勛於是五方始費朝廷經畧折李二姓自五代來世有其地二虜畏之太祖於是俾其世襲每謂虜寇內入非世襲不克守世襲則其子孫久遠家初勢必愛吝分外為防設或叛渙自可理討縱其反噬原陜一帥禦之足矣況復朝廷恩信不爽奚自而他斯則聖人之深謀有國之極筭固非流俗淺近者之所知也厥後議臣遷以世襲不便折氏則以河東之功姑令仍世而李氏遂移陜西因茲遂失靈夏國之與郡其事固相懸矣議者以太祖之懲五季而削諸將兵權為封建之不可復愚竊以為不然夫太祖之不除封建特不除封建之名而封建之實固已默圖而陰用之矣李漢超齊州防禦監閔南兵馬凡十

七年胡人不敢窺邊郭進以洺州防禦守西山巡檢 諱累
二十年賀惟忠守易李謙溥剌隰姚内斌知慶皆十餘載
韓令坤鎮常山馬仁瑀守瀛王彥昇居原趙贊處延董遵
誨屯環武守琦戍晉何繼筠牧棣若張美之守滄景咸累
任管榷之利貿易之權悉以畀之又使得自誘募驍勇以
為爪牙軍中之政俱以便宜從事是以二十年間無西北
之虞深機密策蓋使人由之而不知爾胡為議者不原其
故遂以兵為天子之兵郡不得而有之故自寶元康定以
中國勢力而不能亢一偏方之元昊靖康醜虜長驅百舍
直擣梁師蕩然無有藩籬之限卒之橫潰莫或支持繇今
日言之奚啻冬水之冰嗚呼欲治之君不世出而大臣者

[illegible]未必其守[illegible]賢

[illegible]賢在而久任之可也

每病本務之不知此予所以每咎徵晢以為唐室我朝之不封建皆鄭公韓王之不知以帝王之道責難其主而為是尋常苟且之治也

黄氏日抄曰太祖時不過用李漢超輩使自為之守而邊烽之警不接於廟堂三代以来待夷狄之得未有如我太祖者也不使守封疆者久任世襲而欲身制萬里如在目睫天下無是理也

藩鎮既罷而州縣之任屢之又不得其方真宗咸平三年濮州盜夜入城畧知州王守信監軍王昭度於是知黄州王禹偁上言曰王公設險以守其國自五季亂離各據城壘豆分瓜剖七十餘年太祖太宗削平僭偽天下一家

當時議者乃令江淮諸郡毀城隍收兵甲撤武備書生領州大郡給二十人小郡十五人以充常從號曰長吏實同旅人名為郡城蕩若平地雖則尊京師而抑郡州為强幹弱枝之說亦匪得其中道也蓋太祖削諸侯跋扈之勢太宗杜僭偽覬望之心不得不爾其如設法救世久則弊生救弊之道在乎從宜疾若轉規不可膠柱今江淮諸州大患有三城池墮圮一也兵仗不完二也軍不服習三也望陛下特紆宸斷許江淮諸郡酌民户衆寡城池大小竝置守捉軍士多不過五百人閱習弓劍然後漸葺城壁繕完甲冑則郡國有禦侮之備長吏免剽掠之虞矣嗚呼人徒見藝祖罷節度為宋百年之利而不知奪州縣之兵與財

其害至於數百年而未已也陸士衡所謂一夫從横而城池自夷豈非崇禎末年之事乎

輔郡

崇禎二年三月兵部侍郎申用懋上疏請以平昌通易霸四州為四輔宿重兵以衛京師奉旨嘉納下部議覆事不果行魏書言靈太后時四中郎將兵寡弱城王澄奏宜以東中帶滎陽郡南中帶魯陽郡西中帶恒農郡北中帶河内郡選二品三品親賢居之配以強兵則深根固本之計也靈太后將從之以議者不同而止及爾朱榮至河陰遂無一兵拒敵亦已事之明驗矣

金都大梁貞祐四年元兵取潼關次嵩汝間御史臺言兵

踰峭澠深入重地近抵西郊彼知京師屯宿重兵不復叩城索戰但以游騎遮絶道路而分兵攻擊州縣是亦圍京師之漸也若專以城守為事中都之危又將見於今日矣
太祖三年分兵三道伐金河北郡縣盡拔惟中都通順真定清沃太名東平德邳海州十一城不下
此臣等所為寒心也不攻京師而縱其別攻州縣是猶火在腹心撥置於手足之上均一體也願陛下察之契丹
後改為遼
太祖將攻幽州其后述律氏指帳前樹曰此樹無皮可以生乎曰不可后曰幽州之有土有民亦猶是爾吾以三千騎掠其四野不過數年困而歸我矣
赫連勃勃稱帝諸將勸先取關中勃勃曰吾天業草創士衆未多姚興亦一時之雄諸將用命關中未可圖也我今專固一城彼必并力於我衆非其敵亡可立待不如以驍騎風馳出其不意擊前則救後救後則擊前使彼疲於奔命則游食自若不及十年嶺北河東盡為吾有待興

既死嗣子闇弱徐取長安在吾計中矣古人用兵之智多有出此 夫踰山絶河深入二三千里至於淮岱之間此不啻幽州之四野大梁之西郊也而謀國之臣竟無一策以禦其來而擊其去此則郡縣之守不足恃而調援之兵不足用也明矣詩曰無俾城壞無獨斯畏後之為國者盍鑒於斯

邊縣

宋元祐八年知定州蘇軾言漢鼂錯與文帝畫備邊策不過二事其一曰徙遠方以實廣虚其二曰制邊州以備敵國今河朔西路被邊州軍自澶淵講和以來百姓自相團結為弓箭社不論家業高下戶出一人又自相推擇家資武藝衆所服者為社頭社副録事謂之頭目帶弓而鋤佩

劍而樵出入山坂飲食長技與北虜同私立賞罰嚴於官府分番巡邏鋪屋相望若透漏北賊及本土强盗不獲其當番人皆有重罰遇有警急擊鼓集衆頃刻可致千人器甲鞍馬常若寇至蓋親戚墳墓所在人自為戰虜甚畏之先朝名臣帥定州者如韓琦龐籍皆加意拊循其人以為爪牙耳目之用而籍又增損其約束賞罰今雖名目具存責其實用不逮往日欲乞朝廷立法少賜優異明設賞罰以示懲勸奏凡兩上皆不報此宋時弓箭社之法雖承平廢弛而靖康之變河北忠義多出於此有國家者能於閒暇之時而為此寓兵於農之計可不至如先帝之末課責有司以修練儲偹之紛紛矣

宦官

漢和熹鄧后詔中官近臣於東觀受讀經傳以教授宮人秦苻堅選奄人及女隸有聰識者置博士授經若夫巷伯能詩列於小雅史游急就著於藝文古固有之而不限其人也我太祖深懲前代宦寺之弊命内官不許識字永樂以後此令不行宣德中乃有内書堂之設（實録宣德元年七月以劉翀為行在翰林院脩撰專授小内使書四年十月命行在禮部尚書兼謹身殿大學士陳山專授小内使書實録言山為人寡學急利而昧大體上薄之其致仕歸恩禮一無所及則其授小内使書亦賤若之事也）昔隋蔡允恭為起居舍人帝遣教宮人允恭耻之數稱疾宋賈昌朝為侍講以編脩資善堂書籍為名而實教授内侍諫官吳育奏罷之以宣廟之納諫求言而廷臣未有論及此者馴

致身筆之奄其尊倖於内閣而大權旁落不可復收得非内書堂階之厲乎英廟升遐典璽局丞王綸以老事東宮希圖柄用而翰林侍讀學士錢溥以曾奉命教内書館綸受學焉遂内外交錯以謀入閣已而敗露得罪綸造溥家執弟子禮坐溥上坐飲至晡而去

周禮寺人王之正内五人内豎倍寺人之數當時贄御之臣皆是士人而婦寺之權衰矣唐太宗詔内侍省不立三品官以内侍為之長階第四不任以事帷門閣守御廷内埽除稟食而已武后時稍增其人至中宗黄衣乃二千員玄宗時宮嬪大率至四萬宦官黄衣以上三千員玄宗始置内侍省監二員秩三品以高力士袁思藝為之是知宦官之盛由於宮嬪之多而人主欲不近刑人則當以遠色為本

宋濂大明日曆序言后妃居中不預一髮之政外戚亦循

理畏法無敢恃寵以病民寺人之徒惟給事埽除之役其家法之嚴五也

王元美筆記曰高帝時中人不得預外事見公侯大臣叩首惟謹至永樂初狗兒諸奄稍稍見馬上之績後以倦勤朝事漸寄筆札久乃稱肺腑矣太監鄭和等以奉命率舟師下海中諸夷而中人有出使者矣西北大將多洪武舊人意不能無疑思以腹心參之而中人有鎮守者矣王振時上春秋少不日接大臣而中人有票旨徑行者矣

國史所載永樂五年六月內使李進往山西採 天花詐傳詔旨擅役軍民此即弄權之漸仁宗即位凡差出內臣限十日內盡撤回京其見於詔書者有採寶石採金珠香貨

採鐵黎木而太宗實録多諱之不書實録有十九年十一月辛酉遣內官楊賓
二十年十月癸巳遣內官韋喬同御史察勘兩京及天下庫藏出納二事至洪熙元年六月宣
宗即位而巡按浙江監察御史尹崇高奏朝廷近差內官
內使市買諸物每物置局有拘集之擾有供應之煩朝廷
所需甚微民間所費甚大宜皆取回惟令有司買納詔從
之乃猶有如宣德六年十二月乙未所書管事袁公假公
務為名擅差內官內使陵虐官吏軍民逼取金銀等物以
至磔死而其黨十餘人皆斬者嗚呼作于涼其敝猶貪至
於萬曆中年礦稅之使旁午四出而藉口於祖宗之成
例則外廷之臣交章爭之而無可如何矣是以武王不泄
邇

中官典兵亦始於永樂仁宗實録言甘肅總兵官都督費
瓛不能專斷軍政悉聽中官指使勑責其低眉俛首受制
於人宣宗實録言交阯左參政馮貴善用人嘗得土軍五
百人勁勇善戰貴撫育甚厚每率之討賊所嚮成功後為
中官馮騏奪去貴與賊戰不利遂死之宣德元年三月己
亥勑責中官山壽曰叛賊黎利本一窮蹙小寇若早用心
禽捕如探雀鷇爾乃妄執己見再三陳奏惟事招撫以致
養禍遺患及方政等進討爾擁官軍一千餘人坐守乂安
不往来策應視其敗衂則交阯之失實本於中官而仁宣
二宗亦但加之誚責而已王振之專土木之難此非其漸
乎

交阯一事中官之惡實録不盡書景泰四年吏科給事中盧祥言臣思永樂年間克平交阯設置郡縣夷人服從後因鎮守内臣貪虐致失人心竟亡其地天下至今非議不已即此數言可以想見師之上六曰小人勿用必亂邦也豈不信夫

成祖天威遠加無思不服遏密未幾遂棄交阯齊桓首霸而寺人貂始漏師於多魚春秋已志之矣故始之初六一陰始而周公戒之

正統九年正月辛未命成國公朱勇興安伯徐亨都督馬亮陳懷等統兵出境勦兀良哈三衛勇同太監僧保出喜峯口亨同太監曹吉祥出界嶺口亮同太監劉永誠出劉

家口懷同太監但出古北口是時王振擅權乃有此遣而後遂以為例至十四年陽和 口之戰大監郭景監軍諸將為所制師無紀律而宋譕朱冕全軍没覆矣

景泰元年閏正月乙卯工部辦事吏徐鎮言刑餘之人不侍君側太祖高皇帝懲漢唐之弊不令預政不令典兵但使之守門傳命而已邇者姦監王振秉機專權依勢作威王爵天憲悉出其口生殺予奪任己憎愛又多引同類如郭敬等以為腹心出監邊事皇上臨御之初乞監前失宦官有參預朝政及監軍鎮守者悉令還內各守本職如此則宦官無召釁之端國祚有過曆之兆矣事寢不行

六月乙酉陝西蘭縣舉人段堅論宦寺監軍之失

天順二字誤
候考

庚子肅府儀衛司餘丁聊讓請禁抑宦寺

三年九月辛卯南京錦衣衛鎮撫司軍匠餘丁蕭敏陳內官苦害軍民十事

天順八年十一月丙寅兩京六科給事中王徽等言正統十四年王振專權使先帝遠播宗社幾危天順年間曹吉祥專權舉兵焚闕欲危宗社今日牛玉專權謀出皇后欺侮陛下是皆貽笑四夷取議萬世者也臣請自今以後一不許內官與國政二不許外官與內官私相交結三不許內官弟姪在外府置立產業自古內官賢良者萬無一人無事之時似為謹慎一聞國政便作姦欺如聞陛下將用某人也必先賣之以為己功聞陛下將行某事也必先泄

之以張己勢人望日歸威權日盛而內官之禍起矣此臣等所以勸陛下不許內臣與聞國政者此也內官侍奉陛下朝夕在側文武大臣不知廉恥者多與之交結有饋以金寶珠玉加之婢膝奴顏者內官便以為賢朝夕在陛下前稱美之有正大不阿不行私謁者內官便以為不賢朝夕在陛下前非毀之陛下天縱聖明固不為惑日加浸潤未免致疑稱美者驟踰顯位非毀者久屈下僚怨歸朝廷恩給宦寺而內官之禍起矣臣等所以勸陛下不許外官與內官交結者此也內官弟姪人等授職任事倚勢為非聚姦養惡家人百數貲貨萬餘田連千頃馬繫千匹內官因有此家產所以貪婪無厭姦弊多端身雖在內心實在

外内外相通而禍亂所由起矣此臣等所以勸陛下不許内官弟姪在外管事并置立家産者此也陛下果能鑒彼三人於既往行此三事於方今則禍亂自然不作災害自然不生倘或不然則禍起蕭墻變生肘腋異日之患有不可言者矣然臣等今日之所言乃舉朝之所諱臣等雖愚亦知避禍但受恩朝廷無以爲報居官言路不可苟容若陛下能行而不疑則臣等雖死而無悔矣上責繳等妄言要譽命吏部俱調州判官

中都之變宦官僨事之前車也不一年而監守之遣四出以外廷無人甚也平陰之役風沙衛殿殖綽曰子殿齊師國之辱也先帝以北耻天下之士大夫而士大夫不以爲

耻且群然攻之廷論雖譁上心不信及暫撤之而士大夫又果不足用也於是乎再任宦者而國事已不可為昔者唐德宗即位踈斥宦官親任朝士而張涉以儒學入侍薛邕以文雅登朝繼以贓敗故宦官武將得以藉口曰南牙文臣贓動至巨萬而謂我曹濁亂天下豈非欺罔邪於是上心始疑不知所倚仗矣嗚呼我不知今日之攻宦官者果愈於宦官乎內廷既不可用外廷亦遂無人而國事又將誰屬乎於時昭王歎息思良將之已亡武帝咨嗟慮名臣之欲盡而燎原靡撲過涉終凶可為痛哭者矣是以人材非一世之所能成古先王於多難之時而得賢臣之助者以其養之豫而儲之廣也傳曰詒厥孫謀以燕翼子子

近侍非宦豎之形而實宦豎之類也　哈哈居士見

柰有焉夫有天下而為子孫之慮者則必在於人才矣
金史完顏訛可傳劉祁曰金人南渡之後近侍之權尤甚
盡宣宗喜用其人以為耳目伺察百官故奉御輩採訪民
間號行路御史或得一二事即入奏之上因責臺官漏泄
皆抵罪又方面之柄雖委將帥又差一奉御在軍中號曰
監戰每臨機應變多為所牽制遇敵輒先奔故師多喪敗
哀宗因之不改終至亡國論曰夫以暬御治軍既制其肘
又信其讒以殺人失政刑矣唐之亡坐以近侍監軍金蹈
其轍哀哉金時近侍非宦豎也以世胄或吏員為之見針愛賓傳
崇禎十四年十二月戊午上命禮部并在內各監局等衙
門官常典制內外攸分本職之外豈宜侵越我太祖高皇

帝酌古式今獨嚴近習之防勑内官毋預外事一時朝政清明法紀整肅拔本澄源意甚深遠朕鑒後追前凜持祖訓自今神宮等監各司局庫等衙門或典禮繕戎或鳩工筦鑰或司膳服或辦文書都著勤慎小心料理本等職掌不許違越祖制干預在外政事違者即以亂政參拏處斬仍詳察舊典開列職掌具奏禮部右侍郎蔣德璟疏言周官内職不滿百人糾禁王宮宰於小宰古聖垂法下戒將來蓋其慎也天啟元年四月御史張疏言請令中官受考察于礼部定為五年一舉如京察例太祖高皇帝實詳監於往代而取衷焉其設内官也監司局庫各有定員秩不過四品俸不過一石而且糾劾有令支通有戒預政典兵有禁謹内外之防杜假竊之漸至尚論

漢唐已事而三致意焉淵哉 天訓亘古不易矣雖二十五年曾遣太監聶慶童往諭陝西河州等衛所番族令其輸馬以茶給之然往諭屬番於軍民無與且不假事柄亦暫往即還終洪武之世無他特遣此所以致清明整肅之治而開萬世太平之基也乃若列聖纘承宮府之大防無改而時事偶異中外之任閒使閹永樂中始有遣使外夷及遣往甘肅巡視者洪熙中始有守備南京者正統中始有率兵討賊征虜及各省鎮守者景泰初始有分坐十營或稱監鎗者然仍聽尚書于謙等節制至正德中邊関始置內監且令提督禁兵內操分坐勇士四衛軍營益非祖宗之舊矣他如監工監器會同審録蘇杭織造榷稅開礦之

遣皆利少害多亦旋設旋止操縱在握一時暫託權宜而事任遞遷易世每多釐正惟世宗肅皇帝毅然裁革獨斷於先我皇上翦除逆璫媲美於後總之稟成於高皇帝訓諭內臣毋豫政事外臣毋行交結二語延括千古治亂之源矣臣等伏讀寶訓深遡詒謀不使有功自無竊柄之患當令畏法實杜亂政之階故委腹心則威福移寄耳目則羅織啟遵典章則職守自恪嚴內外則侵越不生此實鑒古酌今可以無弊而神孫聖祖於焉一揆者也謹遵聖諭備察舊章將各監局職掌著為令甲可考見者臚列上呈恭候聖明裁奪得旨申飭奄人之有祠堂自英宗之賜王振始也至魏忠賢則生而賜祠且徧於天下矣故聖人戒乎作俑

禁自宮

實録成化元年七月丁巳直隸魏縣民李堂等十一名自宮以求進命執送錦衣衛獄罪之發南海子種菜祖宗以來凡閹割火者必俘虜之奴或罪極當死者出其死而生之蓋重絶人之世不忍以無罪之民受古肉刑也景泰以來乃有自宮以求進者朝廷雖暫罪之而終收以為用故近畿之民畏避繇役希覬富貴者倣效成風往往自戕其身及其子孫日赴禮部投進自是以後日積月累千百成群其為國之蠹害甚矣史臣劉吉等之辭

實録永樂十九年七月丁卯嚴自宮之禁犯者皆發充軍

餘冬序録曰永樂二十二年令凡自宮者以不孝論軍犯

罪及本管頭目總小旗民犯罪及有司里老成化九年令私自淨身者本身處死家發邊遠充軍正統十二年天順二年成化九年節經申明弘治五年自淨身者并身并下手人俱處死全家充軍兩鄰及歇家不舉有司里老容隱者一體治罪其禁止乎未殘者法甚嚴也永樂二十三年仁宗即位興州左屯衛軍徐翼有子自宮入為内豎翼奏乞除軍籍上曰為父當教子為子當養親爾有子不能教自殘其體背親恩絶人道敗壞風教皆原於爾尚敢希除軍籍邪出其子使代軍役宣德二年令自淨身人軍民皆還元伍籍不許投入王府及官勢家藏隱躲避差役若犯本身及匿藏家處死該管總小旗里老鄰佑一體治罪正統元

年閏六月時軍民多自宮希進間有以赦前獲免罪者刑部請依舊制不論赦前赦後但論以不孝重罪從之成化十一年二月順天府永清縣民徐義自宮其幼子以求進詔發充廣西南丹衛軍妻及幼子皆隨往成化十五年淨身人令巡城御史錦衣衛官督逐回籍弘治元年令錦衣衛拘送順天府遞發元管官司照例知在不許容縱十三年令先年淨身人曾經發遣不候收取私自來京圖謀進用者問發邊遠充軍其戒約於已殘者法亦非不至也而貂璫滿朝金玉塞塗至今日而益盛然則法果行乎

宋仁宗未有繼嗣太常博士吳及言上古之明王重絕人之世今宦官之家競求他子剿絕人理以希爵命至幼何

罪陷於刀鋸有因而大死者夫有疾而夭治世所矜況無疾乎有罪而宮前王不忍況無罪乎臣聞漢永平之際中常侍四員小黃門十人爾唐太宗定制無得踰百員今以祖宗時較之當日宦官幾何人今幾何人臣愚以為胎卵刳傷鳳凰不至繼嗣未育殆繇於此伏願濬發德音詳為條禁權罷宦官進獻有擅宮童幼寘以重法若然則天心必應繼嗣必廣召福祥安宗廟之策無先此者帝異其言權罷內臣進養子

中原有數處一梁山泊
即古時梁山泊之[illegible]

日知録卷之十四

治地

古先王之治地也無棄地而亦不盡地田間之塗九軌有餘道矣遺山澤之分秋水多得有所休息有餘水矣是以功易立而難壞年計不足而世計有餘後之人一以急迫之心為之商鞅決裂阡陌而中原之疆理蕩然宋政和以後圍湖占江而東南之水利亦塞（宋史劉韐傳鑑湖為民侵耕官田收其租歲二萬斛政和閒涸以為田衍至六倍　文獻通考圩田湖田多起於政和以來其在浙閒者隸應奉局其在江東者蔡京秦檜相繼得之大概今之田昔之湖徒知湖中之水可涸以墾田而不知湖外之田將胥而為水也）於是十年之中荒恒六七而較其所得反不及於前人子曰無欲速無見小利夫欲行井地之法則必自此二言始矣

斗斛丈尺

古帝王之於權量其於天下則五歲巡狩而一正之虞書同律度量衡是也其於國中則每歲而再正之禮記月令日夜分則同度量鈞[諱]衡石角斗甬正權槩是也（洪武初命三月一次較勘斛斗秤尺）故関石和鈞大禹以之興夏謹權量審法度而武王以之造周今北方之量鄉異而邑不同至有以五斗為一斗者一関之市兩斗並行至其土地有以二百四十步為畝者有以三百六十步為畝者有以七百二十步為畝者（大名府志有以一千二百步為一畝者）其步弓有以五尺為步有以六尺七尺八尺為步此之謂工不信度者也夫法不一則民巧生有王者起同權量而正經界其先務矣後漢書建武

十五年詔下州郡簡覈墾田頃畝及户口年紀河南尹張伋及諸郡守十餘人坐度田不實下獄死而隋書趙煚為冀州刺史為銅斗鐵尺置之於肆百姓便之上聞令頒之天下以為常法儻亦可行於今日者乎

地畝大小

以近郭為上地遠郊為中地下地蓋自金元之末城邑丘墟人民稀少先耕者近郭近郭洪武之册田也後墾者遠郊遠郊繼代之新科也故重輕殊也

廣平府志曰地有大小之分者以二百四十步為畝自古以來未之有改也由國初有奉旨開墾永不起科者有因洿下鹻薄而無糧者今一概量出作數是以元額地少而

丈出之地反多，有司恐畝數增多，取駭於上而貽害於民，乃以大畝該小畝，取合元額之數。自是上行造報則用大地，以投黃冊；下行徵派則用小畝，以取均平。是以各縣大地有以小地一畝八分折一畝，遞增之至八畝以折一畝，既因其地之高下而為之差等，又皆合一縣之丈地，投一縣之元額，以敷一縣之糧科，而賦役由之以出。此後人一時之權宜爾。考之它郡，如河南八府，而懷慶地獨小，糧獨重；開封三十四州縣，而杞地獨小，粮獨重。蓋由元末甚殘破，故獨重於他郡邑。天下初定，日不暇給，度田之令，均丈之法，有所不及詳。解縉大庖西封事言：「土田之高下不均，而起科之輕重無別，或膏腴而税反輕，或瘠鹵而税反重。」是則洪武之時即已如此。而中原之地，彌望荆榛，亦無從按畝而圖之也唐陸贄有言創制之始不務齊平使應有煩簡之殊守收有能否之異所在徭賦輕重相懸所遣使臣意見各異計奏一定有加無除此則致弊之端古今一轍而井地不均賦税不平固三百年於此矣故東昌府志言三州十五縣步尺參差大小畝規畫不一人得以意長短廣狹其間而大名府志謂田賦必均而後可久除沙茅之地别籍外請檄諸州縣長吏畫一而度之以鈔准尺以尺准步以步准畝以畝准賦倣江南魚鱗冊式而編次之舊所籍不齊之額悉罷去而括其見存者均攤於諸州縣之間一切糧草馬税驛傳均徭里甲之類率例視之以差數百里之間風土入煙同條共貫矣則知均丈之議前人

已嘗著之而今可通於天下者也

宋史言家時田制不立甽畝轉易丁口隱漏兼并冒偽未嘗考按王洙傳洙言天下田稅不均請用郭諮孫琳千步開方法頒州縣以均其稅又言宣和中李彥置局汝州凡民間美田使他人投牒告陳指為天荒魯山闔縣盡括為公田焚民故券使田主輸租訴者輒加威刑公田既無二稅轉運使亦不為奏除悉均諸他州宦傳者是則經界之不正賦稅之不均有自來已然者又不獨金元之季矣

州縣界域

自古以來畫疆分邑必相比輔天下皆然乃今則州縣所屬鄉村有去治三四百里者有城門之外即為鄰屬者則

幅員不可不更也下邽在渭北而併於富平若此之類俱宜復設而大名縣距府七里可以省入元城則大小不可不均也管轄之地多有隔越如南宮屬真定威縣屬廣平之間有新河縣屬真定地清河屬廣平威縣之間有冠縣屬東昌地鄆城屬兖州范縣屬東昌之間有鄒縣屬兖州地青州之益都等縣俱有高苑地淮安之宿遷縣有開封之祥符縣地大同之靈丘廣昌二縣中間有順天之宛平縣地或距縣一二百里或隔三四州縣藪奸誨逋恒必繇之而甚則有如沈丘屬開封之縣署地糧乃隸於汝陽屬汝寧者則錯互不可不正也衛所之屯有在三四百里之外與民地相錯浸久而迷其版籍則軍民不可不清也水濱之

地消長不常如蒲州之西門外三里即以補朝邑之坍使陝西之人越河而佃至於爭鬬殺傷則事變不可不通也

洪武十七年八月丙戌以州之民户不及三千者皆改為縣改者三十七州

周禮形方氏掌制邦國之地域而正其封疆無有乖離之地有王者作謂宜遣使分按郡邑圖寫地形奠以山川正其經界地邑民居必參相得庶乎獄訟衰而風俗淳矣

後魏田制

後魏雖起朔漠據有中原然其墾田均田之制有足為後世法者景穆太子監國令曰周書言任農以耕事貢九穀任圃以樹事貢草木任工以餘材貢器物任商以市事貢貨賄任牧以畜事貢鳥獸任嬪以女事貢布帛任衡以山

事貢其材任虞以澤事貢其物乃令有司課畿內之民使無牛者借人牛以耕種而為之芸田以償之凡耕種二十二畝而芸七畝大畧以是為率使民各標姓名於田首以知其勤惰禁飲酒游戲者於是墾田大增高祖太和九年十月丁未詔曰朕承乾在位十有五年每覽先王之典經綸百民儲蓄既積黎元永安爰暨季葉斯道陵替富强者并兼山澤貧弱者望絕一廛致令地有遺利民無餘財或爭畝畔以亡軀或因饑饉以棄業而欲天下太平百姓豐足安可得哉今遣使者循行州郡與牧守均給天下之田勸課農桑興富民之本其制男夫十五以上受露田四十畝婦人二十畝民年及課則受田老免及身沒則還田諸

桑田不在還受之限男夫人給田二十畝課蒔餘種桑五十樹棗五株榆三根非桑之土夫給一畝依法課蒔榆棗限三年種畢不畢奪其不畢之地於是有口分世業之制唐時猶沿之嗟乎人君欲留心民事而創百世之規其亦運之掌上也已宋林勳作本政之書而陳同父以為必有英雄特起之君用於一變之後豈非知言之士哉

開墾荒地

國初承元末大亂之後山東河南多是無人之地洪武中詔有能開墾者即為已業永不起科是時方孝孺有因其曠土復古井田之議至正統中流民聚居詔令占籍景泰六年六月丙申户部尚書張鳳等奏山東河南北直隸并順天府無額田地甲

方開荒墾種乙郎告其不納税糧若不起科爭競之塗終難杜塞今後但告爭者宜依本部所奏減輕起科則例每畝科米三升三合每糧一石科草二束不惟永絶爭競之端抑且少助倉廪之積從之户科給事中成章等劾鳳等不守祖制不恤民怨帝不聽然自古無永不起科之地國初但以招徠墾民立法之過反以啟後日之爭端而彼此告訐投獻王府勲戚及西天佛子（見實録成化四年三月）無怪乎經界之不正賦税之不均也

蘇松二府田賦之重

丘濬大學衍義補曰韓愈謂賦出天下而江南居十九以今觀之浙東西又居江南十九而蘇松常嘉湖五府又居

兩浙十九也考洪武中（據諸司職掌）天下夏税秋粮以石計者總二千九百四十三萬餘而浙江布政司二百七十五萬二千餘蘇州二百八十萬九千餘松江府一百二十萬九千餘常州府五十五萬一千餘是此一藩三府之地其田租比天下為重其粮額比天下為多今國家都燕歲漕江南米四百餘萬石以實京師而此五府者幾居江西湖廣南直隸之半臣竊以蘇州一府計之以凖其餘蘇州一府七縣（時未立太倉州）其墾田九萬六千五百餘頃居天下八百四十九萬六千餘頃田數之中而出二百八十萬九千石税粮於天下二千九百四十餘萬石歲額之內其科徵之重民力之竭可知也已

杜宗桓上巡撫侍郎周忱書曰五季錢氏稅兩浙之田每畝三斗宋時均兩浙田每畝一斗宋淳祐年鮑廉作琴川志曰國初盡削錢氏白配之目遺右補闕王永高象先各乘遞馬均定稅數只作中下二等中田一畝夏稅錢四文四分秋米八升下田一畝錢三文三分米七升四合取於民者不過如此自熙豐更法崇觀多事靖炎軍興隨時增益然則宋家初之額尚米至一斗也元入國初定天下田稅上田每畝稅三升中田二升半下田二升水田五升元史耶律楚材傳至於我太祖高皇帝受命之初天下田稅亦不過三升五升而其最下有三合五合者於是天下之民咸得其所獨蘇松二府之民則因賦重而流移失所者多矣今之粮重去處每里有逃去一半上下者請言其故國初籍沒土豪田租有因為張氏義兵而籍沒者有因虐民得罪而籍沒者有司不體聖心將

没入田地一依租額起粮每畝四五斗七八斗至一石以上民病自此而生宋史言建炎元年籍没蔡京王黼等莊以為官田減租三分洪武初未有以此故事言者上何也田未没入之時小民於土豪處還租朝往暮回而已後變私租為官粮乃於各倉送納運涉江湖動經歲月有二三石納一石者有四五石納一石者有遇風波盜賊者以致累年拖欠不足王叔英疏亦言輸之官倉道路既遥勞費不少收納之際其弊更多有甚於輸富民之租者自洪武時已然矣愚按宋華亭一縣即今松江一府當紹熙時秋苗止十一萬二千三百餘石景定中賈似道買民田以為公田益粮一十五萬八千二百餘石宋末官民田地税糧共四十五萬二千八百餘石量加圓斛元初田税比宋尤輕然至大德間没入宋清張瑄田後至元

間又沒入朱國珍管明等田一府稅粮至有八十萬石迨至季年張士誠又併諸撥屬財賦府與夫營園沙職僧道姑役等田至洪武以來一府稅粮共一百二十餘萬石租既太重民不能堪於是皇上憐民重困屢降德音將天下係官田地粮額遞減三分二分外（即宣德五年二月癸巳詔書）松江一府稅粮尚不下一百二萬九千餘石愚歷觀往古自有田稅以來未有若是之重者也以農夫蠶婦凍而織餒而耕供歲不足則賣兒鬻女又不足然後不得已而逃以至田地荒蕪錢粮年年拖欠向蒙恩赦自永樂十三年至十九年七年之間所免稅粮不下數百萬石永樂二十年至宣德三年又復七年拖欠折收輕賚亦不下數百萬石折收

之後兩奉詔書勑諭自宣德七年以前拖欠糧草鹽糧屯田子粒税糧門攤課鈔悉皆停徵前後一十八年間蠲免折收停徵至不可筭由此觀之徒有重税之名殊無徵税之實願閣下轉達皇上稽古税法斟酌取舍以宜於今者而税之輕其重額使民如期輸納此則國家有輕税之名又有徵税之實矣

今按宣廟實録洪熙元年閏七月廣西右布政使周幹自蘇常嘉湖等府巡視還言蘇州等處人民多有逃亡者詢之耆老皆云由府官弊政困民所致如吳江崑山民田畝舊税五升小民田租富室田畝出私租一石後因没入官依私租减二斗是十分而取八也撥賜公侯駙馬等項田

每畝舊輸租一石後因事故還官又如私租例盡取之且十分而取其八民猶不堪況盡之乎盡取則無以給私家而必至於凍餒欲不逃亡不可得矣乞命有司將没官之田及公侯還官田租俱照彼處官起科畝税六斗則田地無拋荒之患而小民得以安生下部議宣德五年二月癸巳詔各處舊額官田起科不一租粮既重農民弗勝自今年始每田一畝舊額納粮自一斗至四斗者各減十分之二自四斗一升至一石以上者各減十分之三永為定例六年三月巡撫侍郎周忱言松江府華亭上海二縣舊有官田稅糧二萬七千九百餘石俱是古額科糧太重乞依民田起科庶徵收易完上命行在戶部會官議劾忱變

亂成法沽名要譽請罪之上不許七年三月庚申朔詔但係官田塘地稅粮不分古額近額悉依五年二月癸巳詔書減免不許故違辛酉上退朝御左順門謂尚書胡濙曰朕昨以官田賦重百姓苦之詔減什之三以蘇民力嘗聞外間有言朝廷每下詔蠲除租賦而户部皆不準甚者文移戒約有司有勿以詔書為辭之語若然則是廢格詔令壅遏恩澤不使下流其咎若何今減租之令務在必行書曰民惟邦本本固邦寧有子曰百姓不足君孰與足卿等皆士人豈不知此朕昨有詩述此意今以示卿其念之毋忘濙等皆頓首謝其詩曰官租頗繁重在昔蓋有因而此服田者本皆貧下民耕作既勞勤輸納亦苦辛遂令衣

食徵曷以賠其身殷念惻予懷故迹安得循下詔減什三行之四方均先王視萬姓有若父子親茲帷重邦本豈曰矜吾仁英廟實録正統元年閏六月丁卯行在户部奏浙江直隸蘇松等處減除稅粮請命各處巡撫侍郎并同府縣官用心覈實其官田每畝秋粮四斗一升至二石以上者減作二斗七升二斗一升以上至四斗者減作二斗一斗一升至二斗者減作一斗明白具疏送部磨勘從之按嘉靖十七年冊長洲縣田猶有七斗以上者今與民田通均而猶三斗七升是此旨當日未盡奉行也

官田自漢以来有以宋史建炎元年籍蔡京王黼等官莊以為官田開禧三年誅韓侂胄明年置安邊所凡侂胄與其他權倖沒入之田及圍田湖田之在官皆隸焉輸米七

十二萬一千七百斛有奇錢一百三十一萬五千緡有奇而已景定四年殿中侍御史陳堯道右正言曹孝慶監察御史虞虙張晞顔等言乞依祖宗限田議自兩浙江東西官民户踰限之田抽三分之一買充公田得一千萬畆之田則歲有六七百萬斛之入丞相賈似道主其議行之始於浙西六郡凡田畆起租滿石予二百貫以次遞減有司以買田多為功皆謬以七八斗為石其後田少與磽瘠虧租與佃人負租而逃者率取償田主六郡之民多破家矣

理宗紀言平江江陰安吉嘉興常州鎮江六郡已買公田三百五十餘萬斛

而平江之田獨多

似道傳包恢知平江督買田至以肉刑從事

元之有天下也此田皆别領於官松江府志言元時苗稅公田外復有江淮財賦都督管府

領故宋后妃田以供太后江浙財賦府領籍没朱清張瑄田以供中宮宋史天曆二年十月立平江等處田賦提舉司稻田提領所領籍没朱國珍管明田以賜丞相脱脱撥賜莊在上海十九保元史至正四年六月己巳賜脱脱松江田爲立松江等處稻田提領所領家親王及新籍明慶妙行二寺等田又有汪閣閣蒲經歷田以賜影堂寺院諸王近臣又有括入白雲宗僧田元史成宗紀大德七年七月罷江南白雲宗總攝所其田令依例輸租仁宗紀至大四年御史臺言白雲宗總攝所統江南爲僧之有髪者不養妻子避役損民乞追收所受璽書銀印勒還民籍從之皆不係州縣元額而元史所記賜田大臣如拜住燕帖木兒等諸王如魯王琱阿不剌郯王徹徹禿等公主如魯國大長公主寺院如集慶萬壽二寺無不以平江田而平江之官田又多至張士誠據吴之日其所署平章太尉等官

皆出於負販小人無不志在良田美宅一時買獻之産徧於平江而一入版圖亦按其租簿没入之已而富民沈萬三等又多以事被籍是故改平江曰蘇州而蘇州之官田多而益多故宣德七年六月戊子知府况鍾所奏之數長洲等七縣秋粮二百七十七萬九千餘石其中民粮止一十五萬三千一百七十餘石官糧二百六十二萬五千九百三十餘石是一府之地土無處皆官田而民田不過十五分之一也且夫民田僅以五升起科而官田之一石者奉詔減什之三而猶為七斗是則民間之田一入於官而一畝之粮化而為十四畝矣實録宣德七年七月己未行在户部奏直隸松江府没官宜准民田例起科上從之命各處官田粮俱照此例此固其極重難返之勢始於景

定訖於洪武面徵科之額十倍於紹熙以前者也於是巡撫周忱有均耗之法有改派金花官布之法以寬官佃而租額之重則一定而不可改若夫官田之農具車牛其始皆給於官而歲輸其稅浸久不可問而其稅復派之於田然而官田官之田也國家之所有而耕者猶人家之佃户也民田民自有之田也各為一册而徵之猶夫宋史所謂一曰官田之賦一曰民田之賦金史所謂官田曰租私田曰税者而未嘗併也相沿日久版籍訛脱疆界莫尋村鄙之氓未嘗見册買賣過割之際往往以官作民而里胥之飛灑移換者又百出而不可究所謂官田者非昔之官田矣乃至訟端無窮而賦不理景泰二年十一月庚戌從浙江布政司右

布政使揚瓚之言將湖州府官田重租分派民田輕租之家承納及歸併則例 四年五月庚申詔巡撫直隷侍郎李敏均定應天等府州縣官民佃起科先是正統中戶部會官議令江南小戶官田改為民田起科而量改大戶民田為官田以倫其數既又因御史徐郁奏令所司均配扣筭田務使民田以量帶官田辦糧以甦貧困但行巡撫侍郎周忱清理然民田多係官豪占據莫能究竟其弊仍舊至是郁復以為言戶部請從其議命敏均定搭派敢有恃強阻滯者執治其罪從之 於是嘉靖二十六年嘉興知府趙瀛建議田不分官民稅不分等則一切以三斗起徵蘇松常三府從而效之自官田之七斗六斗下至民田之五升通為一則而州縣之額各視其所有官田之多少輕重為準多者長洲至畝科三斗七升少者太倉畝科二斗九升矣家國大累代之公田而小民乃代官佃納無涯之租賦事之不平莫甚於此然而為此說者亦窮於勢之無可奈何而當日之士

大夫亦皆帖然而無異論亦以治如亂絲不得守二三百年紙上之虛科而使斯人之害如水益深而不可救也惟唐太常鶴徵作武進志極為惋歎抑嘗論之自三代以下田得買賣而所謂業主者即連陌跨阡不過本其錙銖之直而直之高下則又以時為之地力之盈虛人事之贏絀率數百年而一變奈之何一入於官而遂如山河界域之不可動也且景定之君臣其買此田者不過手以告牒會子虛名不售之物逼而奪之以至彗出民愁而自亡其國宋史言買公田五千畝以上以銀半分官告五分度牒二分會子二分半五千畝以下以銀半分官告三分度牒三分會子三分半千畝以下度牒會子各半五百畝至三百畝全以會子及田事成每石官給四止四十貫而半是告牒民持之而不得售六郡騷然百餘年之後推本重賦之繇則猶其遺福也宋史謂其弊極多其租極

重及宋亡遺患猶不息亮哉斯言而況於沒入之田本無其直者乎至於今日佃非昔日之佃而主亦非昔日之主則夫官田者亦將與冊籍而俱銷共車牛而盡矣猶執官租之說以求之固已不可行隋書李德林傳高祖以高阿那肱衛國縣市店八十區賜德林車駕幸晉陽店人上表稱地是民物高氏強奪於內造舍上命有司料還價直則是以當代之君而還前代所奪之地價古人已有之矣又考後漢書譙玄子瑛奉家錢千萬於公孫述以贖父死及玄卒天下平定玄弟慶以狀詣闕自陳光武敕所在還玄家錢則知人主以天下為心固當如此而欲一切改從民田以復五升之額即又駭於衆而損於國有王者作咸則三壤謂宜遣使按行吳中逐縣清丈定其肥瘠高下為三等上田科二斗中田一斗五升下田一斗山塘塗蕩以升以合計者附於冊後而概謂之曰民田惟學田屯田乃謂之官田則民樂業而

清丈之法固好不得其人則弊不勝言矣

賦易完視之紹熙以前猶五六倍也豈非去累代之横征而立萬年之永利者乎昔者唐末中原宿兵所在皆置營田以耕曠土其後又募高貲户使輸課佃之户部别置官司總領不隸州縣梁太祖擊淮南掠得牛以千萬計給東南諸州農民使歲輸租自是歷數十年牛死而租不除民甚苦之周太祖素知其弊用張凝李穀之言悉罷户部營田務以其民隸州縣其田廬牛農器竝賜見佃者為永業悉除租牛課是歲户部增三萬餘户或言營田有肥饒者不若鬻之可得錢數萬緡以資國（宋紹興二十三年知池州府黄子游言青陽縣苗七八倍於諸縣因南唐嘗以縣為宋齊丘食邑故輸三斗後遂為額詔減苗稅二分有半科米二分）帝曰利在於民猶在國也朕用此錢何為嗚呼以五代之

君猶知此義而况它日大有為之主必有朝聞而夕行之者矣

今存者帷衛所屯田學田勳戚欽賜莊田三者猶是官田

南京各衛門所管草塲田地佃户亦轉相典賣不異民田

蘇州一府帷吳縣山不曾均為一則至今有官山私山之名官山每畝科五升私山每畝科一升五勺

今高淳縣之西有永豐鄉者宋時之湖田所謂永豐圩者也文獻通考永豐圩自政和五年圍湖成田初令百姓請佃後以賜蔡京又以賜韓世忠又以賜秦檜繼撥隸行宫今隸總所宋史建康府永豐圩租米歲以三萬石為額王弼成化十一年進士溧水知縣永豐謠曰永豐圩接永寧鄉一畝官田三斗糧人家種田無

孚簿了得官租身即樂前年大水平斗門圩底禾苗沒半分里胥告災縣官怒至今迫租如迫寃有田迫租未足怪盡將官田作民賣富家得田貧納租年年舊租結新債舊租了未新租促更向城中賣黄犢一犢千文任時估債家𥬇息不𥬇每鳴呼有犢可賣君莫悲東隣賣犢兼賣兒但願有兒在我邊明年還得種官田讀此知當日官佃之苦即已如此元史闕復傳言江南公田租重宜減以貸貧民而以官作民亦不始於近日矣

元徵之集奏秋右臣當州百姓田地每畝只稅米九升五合草四分地頭榷酒錢共出二十一文已下其諸色職田每畝約稅粟三斗草三束脚錢一百二十文若是京官上

司職田又須百姓變米雇車搬送比量正税近於四倍其公廨田官田驛田等所税輕重約與職田相似是則官田之若自唐已然不始於宋元也故本朝洪熙宣德中屢下詔書令民間有抛荒官田召人開耕依民田例起科又不獨蘇松常三府為然

吳中之民有田者什一為人佃作者什九其畝甚窄而凡溝渠道路皆并其税於田之中歲僅秋禾一熟一畝之收不能至三石（凡言石者皆以官斛）少者不過一石有餘而私租之重者至一石二三斗少亦八九斗佃人竭一歲之力糞壅工作一畝之費可一緡而收成之日所得不過數斗至有今日完租而明日乞貸者故既減糧額即當禁限私租上田

不得過八斗如此則貧者漸富而富者亦不至於貧元史成宗紀至元三十一年十月辛巳時成宗即位江浙行省臣言陛下即位之初詔蠲今歲田租十分之三然江南與江北異貧者佃富人之田歲輸其租今所蠲特及田主其佃民輸租如故則是恩及其富室而不被於貧民也宜令佃民當輸田主者亦如所蠲之數從之本朝宣德十年五月乙未刑科給事中年富亦有此請大德八年正月己未詔江南佃户私租太重以十分為率暫減二分永為定例前一事為特恩之蠲後一事為永額之減而皆所以寬其佃户也是則厚下之政前代已有行之者

漢武帝時董仲舒言或耕豪民之田見税十五唐德宗時

陸贄言今京畿之內每田一畝官稅五升而私家收租有畝至一石者是二十倍於官稅也降及中等租猶半之夫土地王者之所有耕稼農夫之所為而兼并之徒居然受利望令凡所占田約為條限裁減租價務利貧人仲舒所言則今之分租贄所言則今之包租也然猶謂之豪民謂之兼并之徒（食貨志豪民侵陵分田劫假師古曰分田謂貧者無田而取富人田耕種共分其所收也假亦謂貧人賃富人之田也劫者富人劫奪其稅侵欺之也）宋已下則公然號為田主矣

豫借

唐玄宗天寶三載制曰每載庸調八月徵收農工未畢恐難濟辦自今已後延至九月二十日為限至代宗廣德二

年七月庚子稅天下地畝青苗錢以給百官俸錢（田一畝稅十五）
所謂青苗錢者以國用急不及待秋方苗青而徵之故號
青苗錢主其任者為青苗使（此與宋王安石所行青苗錢之法不同彼則當青黃未接之時貸錢於貧民而取其息本謂之常平錢民間名為青苗錢耳）遂為後代豫借之始陸
宣公言蠶事方興已輸縑稅農工未艾遽斂穀租上司之
繩責既嚴下吏之威暴愈出有者急賣而耗其半直無者
求假而費其倍酬憲宗元和六年二月制以新陳未接營
辦尤艱凡有給用委觀察使以供軍錢方員借便不得量
抽百姓故韓文公有游城南詩云白布長衫紫領巾差科
未動是閒身麥苗含穟桑生葚共向田頭樂社神是三四
月之閒尚未動差科也至後唐莊宗同光四年三月戊辰

以軍食不足勑河南尹豫借夏秋稅其時外內離叛未及一月國亡主滅明宗即位頗知愛民見於文獻通考所載長興四年起徵條流其節候早者五月十五日起徵八月一日納足遲遞而下之其尤晚者六月十日起徵九月納足周世宗顯德三年十月丙子上謂侍臣曰近朝徵斂穀帛多不俟收穫紡績之畢乃詔三司自今夏稅以六月秋稅以十月起徵是莊宗雖有三月豫借之令而實未嘗行也乃後代國勢阽危未若同光之甚而春初即出榜開徵其患又甚於莊宗之君臣矣

詩云碩鼠碩鼠無食我苗謝君直曰苗未秀而食之貪之甚也今之為豫借者食苗之政也有不毆民而適樂郊者

不但匀其田尤當
不免其差徭役
王弘撰字無異號
山史所著有山志
[illegible]

手
虞
洪武末為杭州府知府嘗建議僧道民之蠹今江南
寺院田多或數百頃而役徭未嘗及之貧民無田往往為
徭役所困請為定制僧道每人田無過十畝餘田以均手
民初是之已而遂廢

紡織之利

今邊郡之民既不知耕又不知織雖有材力而安於游惰
華陰王弘撰著議以為延安一府布帛之價貴於西安數
倍既不獲紡織之利而又歲有買布之費生計日蹙國勢
日逋非盡其民之惰以無教之者耳今當每州縣發紡織
之具一副令有司依式造成散給里下募外郡能織者為

師郎以民之勤惰工拙為有司之殿最一二年間民享其利將自為之而不煩程督矣計延安一府四萬五千餘户户不下三女子固已十三萬餘人其為利益豈不甚多按塩鐵論曰邊民無桑麻之制仰中國絲絮而後衣之夏不釋複冬不離窟父子夫婦内藏於專室土圜之中崔寔政論曰僕前為五原太守土俗不知緝績冬積草伏卧其中若見吏以草纏身令人酸鼻今大同人多是如此婦人出草則穿紙袴真所謂倮蟲者也吾乃賣儲峙得二十餘萬詣雁門廣武迎織師使巧手作機乃紡以教民織後漢書米入本傳是則古人有行之者矣漢志有云冬民既入婦人同巷相從夜績女工一月得四十五日八月載績為公子裳豳之舊俗也率而行之富強之效

惇龐之化豈難致哉

吴華覈上書欲禁綾綺錦繡以一生民之原豐穀帛之業謂今吏士之家少無子女多者三四少者一二通令户有一女十萬家則十萬人人人織績一歲一束則十萬束矣使四疆之内同心戮力數年之間布帛必積恣民五色惟所服用但禁綺繡無益之飾且美貌者不待華采以崇好豔姿者不待文綺以致愛有之無益廢之無損何愛而不暫禁以充府藏之急乎此救乏之上務富國之本業使管晏復生無以易此方今纂組日新侈薄彌甚斵雕為樸意亦可行之會乎

日知録卷之十五

權量

三代以來權量之制自隋文帝一變杜氏通典言六朝量三升當今一升秤三兩當今一兩尺一尺二寸當今一尺今謂即時左傳定公八年正義曰魏齊斗稱於古二而為一周隋斗稱於古三而為一隋書律曆志言梁陳依古斗齊以古升五升為一斗周以玉升一升當官斗一升三合四勺開皇以古斗一升為一升大業初依復古斗梁陳依古稱齊以古稱一斤八兩為一斤周玉稱四兩當古稱四兩半開皇以古稱三斤為一斤大業初依復古稱今考之傳記如孟子以舉百鈞諱為有力人三十斤為鈞百鈞則三千

斤晉書成帝紀令諸郡舉力人能舉千五百斤以上者史紀秦始皇紀金人十二重各千石置宮廷中百二十斤為石千石則十二萬斤漢舊儀祭天養牛五歲至二千斤晉書南陽王保傳自稱重八百斤不應若此之重考工記爵一升觚三升儀禮特牲饋食禮註觚二升獻以爵而酬以觚一獻而三酬則一豆矣一豆當作一斗原本亦誤禮記宗廟之祭貴者獻以爵賤者獻以散尊者舉觶卑者舉角五獻之尊門外缶門內壺君尊瓦甒註凡觴一升曰爵二升曰觚三升曰觶四升曰角壺大一石瓦甒五斗詩曰我姑酌彼金罍毛說人君以黃金飾尊大一碩每食四簋正義簋瓦器容豆二升不應若此之巨周禮舍人喪紀共飯米註飯所以實口君用粱大

夫用稷士用稻皆四升管子凡食鹽之數一月丈夫五升少半婦人三升少半嬰兒二升少半史記廉頗傳一飯斗米漢書食貨志人月一石半趙充國傳以一馬自佗負三十日食為米二斛四斗麥八斛匈奴傳計一人三百日食用糒十八斛不應若此之多史記河渠書可令畝十石嵇康養生論夫田種者一畝十斛謂之良田晉書傅玄傳白田收至十餘斛水田至數十斛今之收穫最多亦不及此數靈樞經人食一日中五升既夕禮朝一溢米莫一溢米註二十兩曰溢為米一升二十四分升之一晉書宣帝紀問諸葛公食可幾何對曰三四升會稽王道子傳國用虛竭自司徒以下日廩七升本皆言少而反得多是知古之

權量比之於今大抵皆三而當一也史記孔子世家孔子居魯奉粟六萬索隱曰當是六萬斗正義六萬小斗當今二千石也此唐人所言三而當一之驗盖自三代以後取民無制權量之屬每代遞增至魏孝之太和十九年詔改長尺大斗依周禮制度班之天下魏書張普惠傳神龜中上疏言高祖廢大斗去長尺改重稱所以愛百姓從薄賦故海内之人歌舞以供其賦奔走以役其勤天子信於上億兆樂於下自茲以下漸漸長闊百姓嗟怨聞於朝野隋煬帝大業三年四月壬辰改度量權衡並依古式雖有此制竟不能復至唐時猶有大斗小斗大兩小兩之名而後代則不復言矣

山堂考索斛之為制方尺而深尺班志乃云其中容十斗小蓋古用之斗小

歐陽公集古録有谷口銅甬始元四年左馮翊造其銘曰谷口銅甬容十斗重四十斤以今權量校讀之容三斗重十五斤斗則三兩有餘斤則三兩不足呂氏考古圖漢好時官廚鼎刻曰重九斤一兩今重三斤六兩今大兩當漢之一斤又曰軹家釜三斗弱軹家甑三斗一升當漢之一石大抵是三而當一也

古以二十四銖為兩五銖錢十枚計重二兩二錢今稱得十枚當今之一兩弱又漢書王莽傳言天鳳元年改作貨布長二寸五分廣一寸首長八分有奇廣八分其圜好徑二分半足枝長八分間廣二分其文右曰貨左曰布重二十五銖頃富平民掊地得貨布一罌所謂長二寸五分者

今鈔尺之一寸六分有竒廣一寸者今之六分有半八分者今之五分而二十五銖者今稱得百分兩之四十二俗云四錢二分是則今代之大於古者量為最權次之度又次之矣

晉書摯虞傳將作大匠陳勰掘地得古尺尚書奏今尺長於古尺宜以古為正潘岳以為習用已久不宜復改虞駁曰昔聖人有以見天下之賾而擬其形容象物制器以存時用故參天兩地以正算數之紀依律計分以定長短之度其作之也有則故用之也有徵考步兩儀則天地無所隱其情準正三辰則懸象無所容其謬施之金石則音韻和諧措之規矩則器用合宜一本不差而萬物皆正及其差也事皆反是今長尺於古尺幾於半寸樂府用之律呂

不合史官用之歷象失占醫署用之孔穴乖錯此三者度量之所繇生得失之所取徵皆紕繆而不得通故宜改今而從古也唐虞之制同律度量衡仲尼之訓謹權審度今兩尺並用不可謂之同知失而行不可謂之謹不同不謹是謂謬法非所以軌物垂則示人之極凡物有多而易改亦有少而難變有改而致煩亦有變而之簡度量是人所常用而長短非人所戀惜是多而易改者也正失於得反邪於正一時之變永世無二是變而之簡者也憲章成式不失舊物季末苟合之制異端雜亂之用宜以時釐改貞夫一者也臣以為宜如所奏

大斗大兩

漢書貨殖傳黍千大斗師古曰大斗者異於量米粟之斗也是漢時已有大斗但用之量麤貨耳

唐六典凡度以北方秬黍中者一黍之廣為分十分為寸十寸為尺一尺二寸為大尺十尺為丈凡量以秬黍中者容一千二百黍為龠二龠為合十合為升十升為斗三斗為大斗十斗為斛凡權衡以秬黍中者百黍之重為銖應劭曰十黍為絫十絫為銖二十四銖為兩三兩為大兩十六兩為斤凡積秬黍為度量權衡者調鍾律測晷景合湯藥及冠冕之制則用之內外官司悉用大者按唐時權量是古今小大竝行太史太常太醫用古杜氏通典云貞觀中張文收鑄銅斛稱尺以今常用度量校之尺當六之五衡量皆三之一舊唐書代宗紀大曆十年八月太常寺奏諸州府所用斛稱當寺給銅斛稱州府依

樣製過而行從之通典載諸郡土貢上黨郡貢人參三百小兩高平郡貢白石英五十小兩濟陽郡貢阿膠二百小斤鹿角膠三十小斤臨封郡貢石斛十小斤南陵郡石斛十小斤同陵郡貢石斛二十小斤此則貢物中亦有用小斤小兩者然皆湯藥之用他有司皆用今久則其今者通行而古者廢矣

宋沈括筆談曰予受詔考鍾律及鑄渾儀求秦漢以來度量計六斗當今之一斗七升九合秤三斤當今十三兩是宋時權量又大於唐也

元史言至元二十年頒行宋文思院小口斛又言世祖取江南命輸米者止用宋斗斛以宋一石當今七斗故也是則元之斗斛又大於宋也

漢祿言石

古時制禄之數皆用斗斛左傳言豆區釜鍾各自其四以登於釜論語與之釜與之庾孟子養弟子以萬鍾皆量也漢承秦制始以石爲名（韓非子王因收吏璽自三百石以上皆效之子之是時即以石制禄史記燕世家同）故有中二千石二千石比二千石千石比千石六百石比六百石四百石比四百石三百石比三百石二百石比二百石百石而三公號萬石百二十斤爲石是以權代量然考後漢百官志所載月俸之數則大將軍三公奉月三百五十斛以至斗食奉月十一斛又未嘗不用斛所謂二千石以至百石者但以爲品級之差而已（汲黯傳註如淳曰真二千石月得百五十斛歲凡得千八百斛耳二千石月得百二十斛歲凡得一千四百四十斛耳）今人以十斗爲石本於此不知秦時所謂金人十二重各千石

撞萬石之鍾縣石鑄鐘虡衡石程書之類皆權也非量也惟白圭傳穀長石斗淳于髡傳一斗亦醉一石亦醉對斗言之是移權之名於量耳

葉夢得巖下放言名生於實凡物皆然以斛為石不知起何時自漢以來始見之石本五權之名漢制重百二十斤為石非量名也以之取民賦祿如二千石之類以穀百二十斤為斛猶之可也若酒言石酒之多少本不係穀數從其取之醇醨以今准之酒之醇者或止取七斗或六斗而醨者多至於十五六斗若以穀百二十斤為斛酒從其權名則當為酒十五六斗從其量名則斛當穀百八九十斤進退兩無所合是漢酒言石者未嘗有定數也謝肇淛謂古者爵容

一升十爵為斗百爵為石以考工記一獻三酬之說準之良然昔人未詳此義至於麵言斛石麵亦未必正為麥百二十斤而麥之實又有大小虛實然沿襲至今莫知為非及弓弩較力言斗言石此乃古法打碑以斤為別而世反疑之乃知名實何嘗之有

史記貨殖傳狐貂裘千皮羔羊裘千石變皮言石亦互文也凡細而輕者則以皮計麤而重者則以石計

、以錢代銖

古筭法二十四銖為兩漢軹家釜銘重十斤九銖軹家甗銘重四斤廿銖是也近代筭家不便乃十分其兩而有錢之名此字本是借用錢幣之錢非數家之正名簿領用之可耳今人以入文字可笑唐書武德四年鑄開通元寶徑

此類當從俗不必泥古今以便于日用也

八分重二銖四絫（絫或作参沈存中曰今蜀郡亦以十参為一銖参乃古之絫字）積十錢重一兩得輕重大小之中所謂二銖四絫者今一錢之重也後人以其繁而難曉故代以錢字

度量皆以十起數惟權則以一龠容千二百黍重十二銖兩之為兩十六兩為斤三十斤為鈞諱四鈞為石今人改銖為錢而自兩以上則絫百絫千以至於萬而權之數亦以十起矣漢制錢言銖金言斤其名近古

宋史律曆志太宗淳化三年三月詔書云恊時月正日同律度衡量所以建國經而立民極也國家萬邦咸乂九賦是均顧出納於有司繫權衡之定式如聞秬黍之制或差毫氂錘鈎為姦害及黎庶宜令詳定稱法著為通規事下

有司監内藏庫宗儀使劉蒙劉承珪言太府寺舊銅式
自一錢至十斤凡五十一輕重無準外府藏受黄金必自
毫氂計之式自錢始則傷於重遂尋本末別制法物至景
德中承珪重加參定而權衡之制益為精備其法蓋取漢
志子穀秬黍為則廣十黍以為寸從其大樂之尺秬黍黑黍也樂
尺自黄鍾之管而生也謂以秬黍中者為分寸輕重之制就成二術二術謂以尺黍而求氂案因度
尺而求氂度者丈尺之總名謂因樂尺之原起於黍而成於寸析寸為分析一分為氂為毫析毫為絲析絲
為忽則十忽為一絲十絲為毫十毫為一氂十氂為一分自積黍而取絫從積黍而取絫則十
黍為絫為十絫為銖二十四銖為兩絫銖皆以銅為之以氂絫造一錢半及一兩等
二稱各懸三毫以星準之等一錢半者以取一稱之法其
衡合樂尺一尺二寸重一錢錘重六分盤重五分初毫星

準半錢至梢總一錢半析成十五分々列十氂第一毫下等半錢當
十五氂若十五斤稱等五斤也中毫至梢一錢析成十分々列十氂末毫
至梢半錢析成五分々列十氂等一兩者亦為一稱之則
其衡合樂尺一尺四寸重一錢半錘重六錢盤重四錢初
毫至梢布二十四銖下別出一星々等五絫每銖之下復出一星等五
絫則四十八星等二百四十絫計二千四百絫為一兩中毫至梢五錢布十二銖々
列五星々等五絫布十二銖為五錢之數則十絫都等一百二十絫為半兩一錢等末毫
至梢六銖々列十星々等一絫每星等一絫都等六十絫為二錢半以御書
真草行三體淳化錢較定實重二銖四絫為一錢者以二
千四百得十有五斤為一稱之則其法初以積黍為準然
後以分而推忽為定數之端故自忽絲毫氂黍絫銖各定

一錢之則謂皆定一錢之則然後制取等稱也忽萬為分以一萬忽為一分之則以十萬忽定為一錢之則忽者吐絲為忽分者始微而著言可分別也絲則千一千絲為一分以一萬絲定為一錢之則毫則百一百毫為一分以一千毫定為一錢之則者氂毛也自忽絲毫三者皆斷驥尾為之毫氂則十一十氂為一分以一百氂定為一錢之則氂者氂牛尾毛也曳赤金成絲以為之也轉以十倍〻之則為一錢轉以十倍倍之謂自一萬忽至十萬忽之類定為之則也黍以二千四百枚為一兩一龠容千二百黍為十二銖則以二千四絫以百黍定為一兩之則兩者以二龠為兩二百四十謂以二百四十絫定為一兩之則銖以二十四轉相因成十絫為銖則以二百四十絫定成二十四銖為一兩之則銖者言殊異也遂成其稱〻合黍數則一錢半者計三百六十黍之重列為五分則每分計二十四黍又每分析為一十氂則每氂計二黍十分黍之四以一氂分二十四黍則每氂先得二黍都分成四十分則一又得四分是每氂得二黍十分黍之四氂每四毫一絲六

忽有差為一黍則氂絫之數極矣一兩者合二十四銖為二千四百黍之重每百黍為銖二百四十黍為二銖四絫二銖四絫為錢二絫四黍為分一絫二黍重五氂六黍重二氂五毫三黍重一氂二毫五絲則黍絫之數成矣先是守藏吏受天下歲輸金幣而太府權衡舊式失準得因之為奸故諸道主者坐逋負而破產者甚衆又守藏吏代校諱計爭訟動必數載至是新制既定姦弊無所措中外以為便度量權衡皆太府掌造以給內外官司及民間之用凡遇改元即令更造各以年號印而識之其印有方印長印八角印銙頭印之別所以明制度而防偽濫也是則今日之以十分為錢十錢為兩皆始於宋初所謂新制者也

十分為錢

古時分乃度之名，非權之名。說文：寸，十分也。隋書律曆志引易緯通卦驗：十馬尾為一分。說苑：度量權衡以粟生，十粟為一分，十分為一寸。淮南子註同。孫子筭術：蠶所吐絲為忽，十忽為秒，十秒為豪，十豪為氂，十氂為分，十分為寸。漢書律曆志：本起黃鐘之長，以子穀秬黍中者，一黍之廣度之，九十黍為黃鐘之長，一黍為一分，十分為一寸。此皆度之名。淮南子：十二蔈而當一粟，宋書律志作𥽼。十二粟而當一分，十二分而當一銖，十二銖而當半兩，二十四銖為一兩，十六兩為一斤，三十斤為一鈞，諱四鈞為石。此皆權之名。史記大宛傳：善市賈，爭分銖。然以十二分為一銖，二十四銖為一兩，則小於今之為分者多矣。

此分字乃去聲
非今之所謂分字者也

陶隱居名醫別録曰古稱惟有銖兩而無分名今則以十黍為一銖六銖為一分四分為一兩十六兩為一斤李杲曰六銖為一分即今之二錢半也此又以二錢半為分則隨人所命而無定名也

黄金

漢時黄金上下通行故文帝賜周勃至五千斤宣帝賜霍光至七十斤而武帝以公主妻欒大至齎金萬斤漢書作十萬斤衛青擊胡斬捕首虜之士受賜黄金二十餘萬斤古來賞賜之數莫侈於元成宗即位賜駙馬蠻子帶銀七萬六千五百兩闊里吉思一萬五千四百五十兩高麗王王昛三萬兩其定諸王朝會賜與有至金千兩銀七萬五千兩者梁孝王薨藏府餘黄金四十餘萬斤館陶公主近幸董偃令中府曰董君所發一日金滿

百斤錢滿百萬帛滿千匹乃白之王莽禁列侯以下不得挾黃金輸御府受直至其將敗省中黃金萬斤為一匱尚有六十匱黃門鉤盾藏府中尚方處處各有數匱而後漢光武紀言王莽末天下旱蝗黃金一斤易粟一斛是民閒亦未嘗無黃金也董卓死塢中有金二三萬斤銀八九萬斤昭烈得益州賜諸葛亮法正關羽張飛金各五百斤銀千斤南齊書蕭穎胄傳長沙寺僧業富盜鑄黃金為龍數千兩埋土中歷相傳付稱為下方黃鐵莫有見者穎胄起兵乃取此龍以充軍實梁書武陵王紀傳黃金一斤為餅百餅為簉至有百簉銀五倍之自此以後則漢見於史尚書疏漢魏贖罪皆用黃金後魏以金難得令金一兩收

絹十匹今律乃贖銅

宋太宗問學士杜鎬曰兩漢賜予多用黃金而後代遂為難得之貨何也對曰當時佛事未興故金價甚賤今以目所睹記及會典所載國初金價推之亦大畧可考會典鈔法卷內云洪武八年造大明寶鈔每鈔一貫折銀一兩每鈔四貫易赤金一兩是金一兩當銀四兩也徵收卷內云洪武十八年令凡折收稅粮金每兩准米十石銀每兩准米二石是金一兩當銀五兩也三十年上曰折收逋賦欲以蘇民困也今如此其重將愈困民更令金每兩准米二十石銀每兩准米四石然亦是金一兩當銀五兩也永樂十一年令金每兩准米三十石則當銀七兩五錢矣又令

交阯召商中鹽金一兩給鹽三十引則當銀十兩矣豈非承平以後日事侈靡上自宮掖下逮勳貴用過乎物之故與遼張孝傑為北府宰相貪貨無厭嘗曰無百萬兩黃金不足為宰相家幼時見萬曆中亦金止七八換崇禎中十換天啟中權奄用事百官獻媚者皆進金色金價漸貴南渡十三換以後賊至六換而今又十三換矣投珠抵璧之風將何時而見與

漢書食貨志黃金重一斤直錢萬朱提銀重八兩為一流直一千五百八十它銀一流直一千是金價亦四五倍於銀也方勺泊宅編云當時黃金一兩才直錢大百朱提銀一兩才直錢二百

元史至大銀鈔一兩準至元鈔五貫白銀一兩赤金一錢是金價十倍於銀也

史記平準書一黄金一斤漢書食貨志黄金方寸而重一斤莊子百金註李曰金方寸重一斤百金百斤也漢書韋賢傳賜黄金百斤玄成詩曰欽賜祁祁百金洎館是也臣瓚曰秦以一鎰為一金孟康曰二十四兩曰鎰漢以一斤為一金是漢之金已減於秦矣漢書食貨志黄金重一金直錢萬惠帝紀註師古曰諸賜金不言黄者一斤與萬錢王莽傳故事聘皇后黄金二萬斤為錢二萬萬公羊隱公五年傳百金之魚註百金猶百萬也言以金重一斤萬今萬錢古來用金之費如吳志劉繇傳笮融大起浮圖祠以銅為人黄金塗身衣以錦采垂銅盤九重何姬傳注引江表傳孫皓使尚方以金作華燧步搖假髻以千數令宫人著以相樸朝成夕敗輒出更作魏書釋老志興光元年敕有司於五級大寺内為太祖已下五帝鑄釋迦立像五各長一

丈六尺都用赤金二萬五千斤天安中於天宮寺造釋迦立像高四十三尺用赤金十萬金黄金六百斤齊書東昏侯本紀後宮服御極選珍奇府庫舊物不復周用貴市民間金銀寶物價皆數倍京邑酒租皆折使輸金以為金塗猶不能足唐書敬宗紀詔度支進銅三十觔金薄即箔字十萬翻脩清思院新殿及昇陽殿圖章五代史閩世家王昶起三清臺三層以黄金數千斤鑄寶皇及元始天尊太上老君像宋真宗作玉清昭應宮甍栱欒楹全以金飾所費鉅億萬雖用金之數亦不能全計金史海陵本紀宮殿之飾徧傅黄金而後間以五采金屑飛空如落雪元史世祖本紀建大聖壽萬安寺佛像及窗壁皆金飾之凡費金五

百四十兩有奇水銀二百四十斤又言繕寫金字藏經凡糜金三千二百四十四兩吳澄傳言捻黃金爲泥寫浮屠藏經　泰定帝紀泰定二年七月庚午以國用不足罷金字藏經時於雲南立造賣金箔規措所此皆耗金之錄也杜鎬之言頗爲不妄草木子云金爲一箔無復再還元矣故南齊書武帝紀禁不得以金銀爲箔宋史真宗紀大中祥符元年二月丙午申明不許以金銀爲箔之制仁宗紀康定元年八月戊戌禁以金箔飾佛像哲宗紀元祐二年九月丁卯禁私造金箔劉庠傳仁宗外家李珣犯銷黃犯庠奏言法行當自貴近始從之金史世宗紀大定七年七月戊申禁服用金線其織賣者皆抵罪元史仁宗紀至大四年三月辛卯禁民間制金箔銷金織金而太祖實錄言上出黃金一錠示近臣也曰此表箋袱盤龍金也今宮人洗滌銷鎔得之嗚呼儉德之風遠矣

銀

唐宋以前上下通行之貨一皆以錢而已未嘗用銀漢書
食貨志言秦并天下幣為二等而珠玉龜貝銀錫之屬為
器飾寶藏不為幣孝武始造白金三品尋廢不行漢謝肇曰銀八
兩直錢一千當時銀賤錢貴今銀一兩即直千錢矣舊唐書憲宗元和三年六月
詔曰天下有銀之山必有銅鑛銅者可資於鼓鑄銀者無
益於生人其天下自五嶺以北見採銀坑並宜禁斷李德裕為
浙西觀察使奏云去二月中奉宣令進盝子計用銀九千四百餘兩其時貯備都無二三百兩然考之通
典謂梁初唯京師及三吳荊郢江湘梁益用錢其餘州郡
則雜以穀帛交易交廣之域則全以金銀為貨而唐韓愈
奏狀亦言五嶺買賣一以銀元稹奏狀言自嶺已南以金
銀為貨幣自巴以外以鹽帛為交易黔巫溪峽用水銀朱

砂繒綵巾帽以相市杜氏通典載唐度支歲計之數粟則二千五百餘萬石布絹綿則二千七百餘萬端屯疋錢則二百餘萬貫未嘗有銀其土貢則貴州貢銀百兩鄂新黨三州各貢銀五十兩賀州貢銀三十兩邵端昭潘辨高龔潯嚴封春羅牢竇横象瀧藤平琴廉義柳勒康恩崖萬安二十七州各貢銀二十兩是唐人以銀為貢而不以為賦也張籍詩海國戰騎象蠻州市用銀

宋史仁宗紀景祐二年詔諸路歲輸緡錢福建二廣易以銀江東以帛於是有以銀當緡錢者矣金史食貨志舊例銀五十兩其直百貫舊唐書哀帝紀內庫出方圓銀二千一百七十二兩充見任文武常參官救接是知前代銀皆是鑄成民間或有截鑿之者其價亦隨低昂遂改鑄銀名承安寶貨一兩至十兩分五等每兩折錢二貫公私同見錢用又云更造興定寶泉每貫當通寶五十又以綾印製元光珍貨同銅銀鈔及餘鈔行之行之未久銀價日貴錢寶日賤民但以銀

論價至元光二年寶泉幾於不用哀宗正大間民間但以銀市易此今日上下用銀之始今民間輸官之物皆用銀而猶謂之錢粮蓋承宋代之名當時上下皆用錢也

國初所收天下田賦未嘗用銀惟坑冶之課有銀寶録於每年之終計所入之数而洪武二十四年但有銀二萬四千七百四十兩至宣德五年則三十二萬二百九十七兩歲辦視此為率按宋蘓轍元祐會計録歲入銀止五萬七千兩元史成宗紀右丞相完澤言歲入銀止六萬兩而宣德五年奏溫處二府平陽麗水等五縣課額止八萬七千八百兩蓋所開坑冶漸多當日國家固不足恃銀以為用也至正統三年以採辦擾民始罷銀課封閉坑穴而歲入之数不過五千有餘九年閏七月

戊寅朔復開福建浙江銀場是年採納已六萬七千一百八十兩乃倉糧折輸變無不以銀後遂以為常貨蓋市舶之來多矣

太祖實録洪武八年三月辛酉朔禁民間不得以金銀為貨交易違者治其罪有告發者就以其物給之其立法若是之嚴也九年四月己丑許民以銀鈔錢絹代輸今年租稅十九年三月己巳詔歲解稅課錢鈔有道里險遠難致者許易金銀以進五月己未詔户部以今年秋糧及在倉所儲通會其數除存留外悉折收金銀布絹鈔定輸京師此其折變之法雖暫行而交易之禁亦少弛矣

正統元年八月庚辰命江南租稅折收金帛會典言浙江江西湖廣三布政司直隸蘇松等府先是都察院右副都御史周銓奏行在各衛

官員俸糧在南京者差官支給本為便利是時京官俸粮並於南京支給但差來者將各官俸米貿易物貨貴買賤酬十不及一朝廷虛費廪禄百官不得實惠請令該部會議歲禄之數於浙江江西湖廣南直隸不通舟楫之處各隨土產折收布絹白金赴京充俸巡撫江西侍郎趙新亦言江西屬縣有僻居深山不通舟楫者歲齎金帛於通津之處易米上納南京設遇米貴其費不貲今行在官員俸禄於南京支給往返勞費不得實用請令江南屬縣量收布絹或白金類銷成錠運赴京師以準官員俸禄少保兼戶部尚書黃福亦有是請至是行在戶部復申前議上曰祖宗嘗行之否尚書胡濙等對曰太祖皇帝嘗行於陝西每鈔二貫五百

文折米一石黃金一兩折二十石白金一兩折四石絹一匹折一石二斗布一匹折一石各隨所產民以為便後又行於浙江民亦便之遂從所請每米麥一石折銀二錢五分遠近稱便然自是倉廩之積少矣上實錄全文

二年二月甲戌命兩廣福建當輸南京稅糧悉納白金有願納布絹者聽於是巡撫南直隸行在工部侍郎周忱奏官倉儲積有餘其年十月壬戌遣行在通政司右通政李畛往蘇松常三府將存留倉粮七十二萬九十三百石有奇賣銀准折官軍俸粮三年四月甲寅命糶廣西雲南四川浙江陳積倉粮遂令軍民無輓運之勞而國庚免陳紅之患誠一時之便計也

自折銀之後不二三年頻有水旱之災而設法勸借至千石以上以賑凶荒者謂之義民詔復其家至景泰間納粟之例紛紛四出相傳至今而國家所收之銀不復知其爲米矣

唐書言天寶中海内豐熾州縣粟帛舉巨萬楊國忠判度支因言古者二十七年耕餘九年食今天下太平請在所出滯積變輕齎内富京師又悉天下義倉及丁租地課易布帛以充天子禁藏當日諸臣之議有類於此踵事而行不免太過相沿日久内實外虚至崇禎十三年郡國大侵倉無見粟民思從亂遂以亡國

宣德中以邊儲不給而定爲納米贖罪之令其例不一正

統三年八月從陜西按察使陳正倫之請改於本處納銀解邊易米襍犯死罪者納銀三十六兩三流二十四兩徒五等視流遞減三兩杖五等一百者六兩九十以下及笞五等俱遞減五錢此今日贖鍰之例所由始也

正統十一年九月壬午巡撫直隸工部侍郎周忱言各處被災恐預備倉儲賑濟不敷請以折銀糧税悉徵本色於各倉收貯候青黄不接之際出糶於民以所得銀上納京庫則官既不損民亦得濟從之此文襄權宜變通之法所以為一代能臣也

以錢為賦

周官太宰以九賦斂財賄註財泉字古錢穀也又曰賦口率

出泉也方回古今考不然此說荀子言厚刀布之斂以奪之財而漢律而口筭孝惠紀註漢律人出一筭筭百二十錢此則以錢為賦自古有之而不出於田畝也唐初租出穀庸出絹調出繒布未嘗用錢自兩稅法行遂以錢為惟正之供矣

孟子有言聖人治天下使有菽粟如水火菽粟如水火而民焉有不仁者乎由今之道無變今之俗雖使餘糧棲畝斗米三錢而輸將不辦婦子不寧民財終不可得而阜民德終不可得而正何也國家之賦不用粟而用銀舍所有而責所無故也夫田野之氓不為商賈不為官不為盜賊銀奚自而來哉此唐宋諸臣每致歎於錢荒之害而今又甚焉非任土以成賦重穡以帥民而欲望教化之行風俗

之美無是理矣

白氏長慶集策曰夫賦斂之本者量桑地以出租計夫家以出庸租庸者穀帛而已今則穀帛之外又責之以錢〻者桑地不生銅私家不敢鑄業於農者何從得之至乃吏胥追徵官限迫蹙則易其所有以赴公程當豐歲則賤糶半價不足以充緡錢遇凶年則息利倍稱不足以償逋債豐凶既若此為農者何所望焉是以商賈大族乘時射利者日以富豪田壟罷人望歲勤力者日以貧困勞逸既懸利病相誘則農夫之心盡思釋耒而倚市織婦之手皆欲投杼而刺文至使田卒汙萊室如懸罄人力罕施而地利多鬱天時虛運而歲功不成臣嘗反覆思之實由穀帛輕

而錢刀重也夫糴甚貴錢甚輕則傷人糴甚賤錢甚重則傷農農傷則生業不專人傷則財用不足故王者平均其貴賤調節其輕重使百貨通流四人交利然後上無乏用而下亦阜安方今天下之錢日以減耗或積於國府或滯於私家若復日月徵取歲時輸納臣恐穀帛之價轉賤農桑之業轉傷十年之後其弊更甚于今日矣今若量夫家之桑地計穀帛為租庸以石斗登降為差以匹夫多少為等但書估價並免稅錢則任土之利載興易貨之弊自革弊革則務本者致力利興則趨末者回心游手於道途市肆者可易業於西成託迹於軍籍釋流者可返船於東作所謂下令如流水之原繫人於苞桑之本者矣

贈友詩曰私家無錢鑪平地無銅山胡為秋夏稅歲〻輸銅錢〻力日已重民力日以殫賤糶粟與麥賤貿絲與綿歲暮衣食盡焉得無饑寒吾聞國之初有制垂不刊庸必算丁口租必計桑田不求土所無不強人所難量入以為出上足下亦安兵興一變法兵息遂不還使我農桑人顦顇畎畝間誰能革此弊待君秉利權復彼租庸法令如貞觀年

李翺集有疏改稅法一篇言錢者官司所鑄粟帛者農之所出今乃使農人賤賣粟帛易錢入官是豈非顛倒而取其無者邪繇由豪家大商皆多積錢以逐輕重故農人日困末業日增請一切不督是錢皆納布帛

宋時歲賦亦止是穀帛其入有常物而一時所需則變而取之使其直輕重相當謂之折變（景祐初詔戶在第九等免折變）熙寧中張方平上疏言比年公私上下並苦乏錢又緣青苗助役之法農民皆變轉穀帛輸納見錢錢既難得穀帛益賤人情窘迫謂之錢荒（司馬光亦言江淮之南民間乏錢謂之錢荒　蘇軾亦言免役之害聚斂民財於上而下有錢荒之患）紹熙年臣僚言古者賦出於民之所有不強其所無今之為絹者一倍折而為錢再倍折而為銀銀愈貴錢愈艱得穀愈不可售使民賤糶而貴折則大熟之歲反為民害願詔州郡凡多取而多折者重寘於罰民有糶不售者令常平就糴異時歲歉平價以糶庶於民無傷於國有補從之而真宗時知袁州何蒙請以金折本州二稅

上曰若是則盡廢耕農矣不許是宋時之弊亦與唐同而折銀之見於史者自南渡後始也

解縉太平十策言及今豐歲宜於天下要害之處每歲積糧若干民雖近輸而國受長久之利計之善者也愚以為天下税粮當一切盡徵本色除漕運京倉之外其餘則儲之於通都大邑而使司計之臣畧倣劉晏之遺意量其歲之豐凶稽其價之高下糶銀解京以資國用一年計之不足十年計之有餘而小民免稱貸之苦官府省敲朴之煩郡國有凶荒之備一舉而三善隨之矣

五銖錢

今世所傳五銖錢皆云漢物非也南北朝皆鑄五銖錢陳書世祖

紀天嘉三年閏二月甲子改鑄五銖錢　魏書言武定之初私鑄濫惡齊文襄王以錢文五銖名須稱實宜稱錢一文重五銖者聽入市用計百錢重一斤四兩十二銖〔通典註按此則一千錢重十一斤以上而隋代五銖錢一千重四斤二兩當時大小秤之差耳〕自餘皆準此為數其京邑二市天下州鎮郡縣之市各置二秤懸於市門所用之稱皆準市稱以定輕重若重不五銖或雖重五銖而多雜鉛鑞竝不聽用然竟未施行隋書高祖既受周禪以天下錢貨輕重不等乃更鑄新錢背面肉好皆有周郭文曰五銖而重如其文每錢一千重四斤二兩悉禁古錢及私錢置樣於關不如樣者沒官銷毀之自是錢帛始一百姓便之是則改幣之議始於齊文襄至隋文帝乃行之而今之五銖亦大抵

五銖錢以今之廣法筭子稱之實重六分有奇照一千應重四斤餘是今之稱正與隋之大秤合也

開元錢以今等校之重七分五厘是古之二銖四絫今止有二銖八絫耳

皆隋物也按四斤二兩是六十六兩每一枚當重六分六釐今五銖錢正符此數不知漢制如何

古錢惟五銖及開元通寶最多五銖隋開皇元年鑄開元唐武德四年鑄

開元錢

自宋以後皆先有年號而後有錢文唐之開元則先有錢文而後有年號舊唐書食貨志曰武德四年鑄開元通寶錢徑八分重二銖四絫積十錢重一兩通典云計一千重六斤四兩每兩二十四銖則一錢重二銖半以下古稱比今稱三之一也則今錢為古稱之七銖以上比古五銖則加重二銖以上

又曰開元錢之文給事中歐陽詢制詞及書時稱其工其字含八分及隸體其詞先上後下次左後右讀之自上及

左迴環讀之其義亦通流俗謂之開通元寶錢焉永卿曰開元通寶蓋唐二百八十九年獨鑄此錢雖并幽桂等處皆置監故開元錢如此之多而明皇紀號偶相合耳

舊唐書高宗乾封元年四月庚寅改鑄乾封泉寶錢二年正月罷乾封錢復行開元通寶錢

錢法之變

太祖實録歲辛丑二月置寶源局於應天府鑄大中通寶錢與歷代之錢相兼行使成化元年七月丙辰詔通錢法商稅課程錢鈔中半兼收每鈔一貫折錢四文無拘新舊年代遠近悉驗收以便民用

世宗實録嘉靖十五年九月甲子巡視五城御史閻鄰等言國朝所用錢幣有二曰制錢祖宗列聖及皇上所鑄如洪武永樂嘉靖等通寶是也曰舊錢歷代所鑄如開元太平淳化祥符等錢是也百六十年來二錢並用民咸利之至嘉靖所鑄之錢最為精工

隆慶萬曆加重半銖而前代之錢通行不廢予初時見市錢多南宋年號後至北方見多汴宋年號真行草字體皆備間有一二唐錢自天啟崇禎廣置錢局括古錢以充廢銅於是市人皆擯古錢不用崇禎元年六月丙辰上御平臺召對給事中黃承昊疏中有銷古錢不用語閣臣劉鴻訓奏今河南山東山陝西皆用古錢若驟廢之於民不便此乃書生之見上曰卿言是而新鑄之錢彌多彌惡旋鑄旋銷寶源寶泉二局秪為姦蠹之窟故嘗論古之錢凡兩大變隋時盡銷古錢一大變天啟以來一大變也昔時錢法之弊至於鵝眼綖環之類無代不有然歷代之錢尚存向日之間便可澄汰今則舊錢已盡即使良工更鑄而海內之廣一時難徧欲一市價而裕民財其必用開皇之法乎

自漢五銖以来為歷代通行之貨金志謂之自古流行之寶未有廢古而專用今者唯王莽一行之耳考之於史魏熙平初尚書令任城王澄上言請下諸州方鎮其太和及新鑄五銖并古錢内外全好者不限大小悉聽行之梁敬帝太平元年詔雜用古今錢宋史言自五代以来相承用唐舊錢至如宋明帝泰始二年則斷新錢專用古錢矣金世宗大定十九年則以宋大觀錢一當五用矣昔之貴古錢如此近年聽爐頭之説官吏工徒無一不衣食其中矣而古錢銷盡新錢愈雜地既愛寶火常克金遂有乏銅之患自非如隋文別鑄五銖盡變天下之錢古制不可得而復矣

錢者歷代通行之貨雖易姓改名而不得變古後之人主

不知此義而以年號鑄之錢文於是易代之君遂以為勝國之物而消毀之自錢文之有年號始也嘗考之於史年號之興皆自季世宋孝武帝孝建初鑄四銖文曰孝建一邉為四銖其後稍去四銖專為孝建廢帝景和二年鑄二銖錢文曰景和魏孝文帝太和十九年更鑄錢文曰太和五銖孝莊帝永安二年更鑄永安五銖此非永世流通之術而高道穆乃以為論今據古宜載年號何其愚也近日河南陝西各自行錢不相流通既非與民同利之術而市肆之猾東此以欺愚人䆗行旅塩鐵論言幣數變而民滋偽亮哉斯言矣

銅

之銅之患前代已言之江淹謂古劍用銅如昆吾歐冶之類皆銅也楚子賜鄭伯金盟曰無以鑄兵故以鑄三鍾杜氏註古者以銅為兵　漢書食貨志賈誼言收銅勿令布以作兵器韓延壽傳為東郡太守取官銅物候月蝕鑄作刀劍鉤鐔放效尚方事古金三品黑金是鐵赤金是銅黃金是金夏后之時九牧貢金乃鑄鼎于荊山之下董安于之治晉陽公宮令舍之堂皆以鍊銅為柱質荊軻之擊秦王中銅柱而始皇收天下之兵鑄金人十二即銅人也三輔舊事曰聚天下兵器鑄銅人十二各重二十四萬斤漢世在長樂宮門　魏志云董卓壞以鑄小錢吳王闔閭冢銅槨三重秦始皇冢亦以銅為槨戰國至秦攻爭紛亂銅不充用故以鐵足之鑄銅既難求鐵甚易是故銅兵轉少鐵兵轉多年甚一年歲甚一歲漸染流遷遂成風俗所以鐵工比

肩而銅工稍絶二漢之世愈見其微建安二十四年魏太子鑄三寶刀二匕首天下百鍊之精利而恚是鑄鐵不能復鑄銅矣唐韓晃為鎮海軍節度以佛寺銅鍾鑄弩牙兵器以考之於史自漢以後銅器絶少惟魏明帝鑄銅人二號曰翁仲又鑄黄龍鳳凰各一而武后鑄銅為九州鼎用銅五十六萬七百一十二斤自此之外寂而無聞止有銅馬銅駝銅匭之類昭烈入蜀僅鑄鐵錢而見存於今者如真定之佛蒲州之牛滄州之獅無非黒金者矣

唐開元中劉秩上議曰夫鑄錢用不贍者在乎銅貴銅貴則採用者衆夫銅以為兵則不如鐵以為器則不如漆禁之無害陛下何不禁於人禁於人則銅無所用銅益賤則

錢之用給矣舊唐書食貨志文宗御紫宸殿謂宰臣曰物輕錢重如何楊嗣復對以當禁銅器文宗紀案考禁銅之令古人有行之者宋孝武帝孝建三年四月甲子禁人車及酒肆器用銅南史唐玄宗開元十七年八月辛巳禁私賣銅鉛錫及以銅為器代宗大曆七年十二月壬子禁鑄銅器德宗貞元九年正月甲辰禁賣劍銅器天下有銅山任人採取其銅官買除鑄鏡外不得造鑄憲宗元和元年二月甲辰禁用銅器各本紀晉高祖天福三年三月丁丑禁民作銅器通鑑宋高宗紹興二十八年七月己卯命取公私銅器悉付鑄錢司民間不輸者罪之宋史本紀然今日行之不免更為困民之事惟有銷錢鑄錢上下相蒙而此日之錢固無長存之術

矣

南齊書劉悛傳永明八年悛啟世祖曰南廣郡界蒙山下有城名蒙城可二頃地有燒爐四所從蒙城度水南百許步平地掘土深二尺得銅有古掘銅坑并居宅處猶存鄧通南安人漢文帝賜通嚴道縣銅山鑄錢今蒙山在青衣水南故秦之嚴道地蒙山去南安二百里此必是通所鑄甚可經畧并獻蒙山銅一片又銅石一片平州鑄錢刀一口上從之遣使入蜀鑄錢魏書食貨志熙平二年尚書崔亮奏恒農郡銅青谷有銅鑛計一斗得銅五兩四銖葦池谷鑛計一斗得銅五兩鸞帳山鑛計一斗得銅四兩河南郡王屋山鑛計一斗得銅八兩南青州苑燭山齊州商山

並是往昔銅官舊迹既有冶利所宜開鑄從之舊唐書韓洄傳為戶部侍郎判度支上言商州有紅崖冶出銅又有洛源監久廢不理請鑿山取銅置十鑪鑄錢而罷江淮七監從之冊府元龜元和初鹽鐵使李巽上言郴州平陽高亭兩縣界有平陽冶及馬跡曲木等古銅坑約二百八十餘井請於郴州舊桂陽監置鑪兩所採銅鑄錢宋史食貨志饒州永平監歲鑄錢六萬貫平江南增為七萬貫而銅鉛錫常不給轉運使張齊賢訪求得南唐承旨丁釗能知饒信等州山谷產銅鉛錫乃便宜調民采取且詢舊鑄法惟永平用唐開元錢料最善即詣闕面陳詔增市鉛錫炭價於是得銅八十一萬斤鉛二十六萬斤錫十六萬

斤歲鑄錢三十萬貫此皆前代開採之迹寔錄洪武二十年正月丙子府軍前老校丁成言河南陝縣地有上紋下紋上黃塘下黃塘昔舊産銀鑛前代皆常採取歲求其課今銅閉已久採之可資國用上謂侍臣曰凡言利之人皆戕民之賊也朕聞元時江西豐城民告官採金者初歲額猶足取辨經久民力消耗一州之人卒受其害蓋物産有時而窮歲額則然不可減有司貪為己功而不以言朝廷縱有恤民之心而不能知此可以為戒豈宜效之

通鑑周世宗顯德元年九月丙寅朔敕立監採銅鑄錢自非縣官法物軍器及寺觀鐘磬鈸鐸之類聽留外其餘民間銅器佛像五十日內悉令輸官給其直過期隱匿不輸五觔以上其罪死不及者論刑有差洪武二十年四月工部右侍郎秦逵言寶源局鑄錢之銅請令郡縣收民間廢銅以資鼓鑄上曰鑄錢本以便民今欲取民廢銅以鑄錢恐天下廢銅有限斯令一出有司急於奉承小民迫于誅責必至毀器物以輸官其為民害甚矣姑停之上謂侍臣曰

佛像具以燬之鑄錢而鐘磬鈸鐸留之何為

大哉王言

緇葷勿以毁佛為疑夫佛以善道化人苟志於善斯奉佛矣彼銅像豈所謂佛邪且吾聞佛在利人雖頭目猶捨以布施若朕身可以濟民亦非所惜也

五代史高麗地產銅銀周世宗時遣尚書水部員外郎韓彥卿以帛數千疋市銅於高麗以鑄錢顯德六年高麗王昭遣使者貢黄銅五萬斤

錢面

自古鑄錢若漢五銖唐開元宋以後各年號錢皆一面有字一面無字儲泳曰自昔之錢有字處為陰無字處為陽古者鑄金為貨其陰則紀國號如鏡陰之有款式也凡器物之識必書於其底與此同義沿襲既久遂以漫處為

背漫亦謂之幕見漢書西域傳舊唐書柳仲郢傳作摸近年乃有別鑄字於漫處者天啟大錢始鑄一兩字崇禎錢有户工等字錢品益雜而天下亦乱按唐會昌中淮南節度使李紳請天下以州名鑄錢京師為京錢末幾武宗崩宣宗立遂廢之

無字謂之陽有字謂之陰儀礼疏筮法古用木畫地今則用錢以三少為重錢九言多少皆歸餘之数重錢則九也三多為交錢交錢則六也兩多一少為單錢單錢則七也兩少一多為拆錢拆錢則八也今人以錢筮者猶如此今人用錢以蓋為三漫為重文為陽三字為交文為陰二字一漫以一漫為主故為單文二漫一字以二漫為主故為拆文猶易傳所云陽卦多陰陰卦多陽之意錢以有字處為陰是知字乃錢之背也碑之背亦名為陰

短陌

隋書食貨志曰梁大同後自破嶺以東錢以十八為百名曰東錢江郢以上七十為百名曰西錢京師以九十為百名曰長錢中大同元年乃詔通用足陌（梁書武帝紀中大同元年七月丙寅詔曰朝四暮三衆狙皆喜名寔未虧而喜怒爲用頃聞外閭多用九陌錢陌減則物貴陌足則物賤至於遠方日更滋甚豈直國有異政乃至家有殊俗徒亂王制無益民財自今可通用足陌錢令書行後百日爲期若猶有犯男子謫運女子質作竝五年　沈存中曰百錢謂之陌者借陌字用之其寔只是百字如什與伍耳仟伯字皆以人今借書作阡陌而皆从阜非也指田之阡陌當从阜漢志或从人蓋古字通用）詔下而人不從錢陌益少至於末年遂以三十五為百唐憲宗元和中京師用錢每貫頭除二十文穆宗長慶元年以所在用錢墊陌不一勑內外公私給用錢宜每貫一例除墊八十以九百二

十文成貫至昭宗末京師以八百五十為貫每陌纔八十五河南府以八十為陌舊唐書哀帝紀天祐二年四月丙辰勑河南府自今市肆交易並以八十五文為陌不得更有改移漢隱帝時王章為三司使聚斂刻急舊制錢出入皆以八十為陌章始令入者八十出者七十七謂之省陌宋史言宋初凡輸官者亦用八十或八十五為百諸州私用則各隨其俗至有以四十八為百者太平興國中詔所在以七十七為百金史言大定中民間以八十為陌謂之短錢官用足陌謂之長錢大名男子斡魯補者上言謂官司所用錢皆當以八十為陌遂為定制哀季之朝與亂同事大抵如此而抱朴子云取人長錢還人短陌則知晋時亦有之不始於梁也今京師錢以三十為陌視梁

今足陌曰大錢短陌曰小錢

白鹿皮其鈔之

之季年又少之矣　今北方多以三十三為陌南方則用足陌也

鈔

鈔法之興因於前代未以銀為幣而患錢之重乃立此法唐憲宗之飛錢即如今之會票也宋張詠鎮蜀以鐵錢重不便貿易於是設質劑之法一交一緡以三年為一界而換之天聖間遂置交子務以元史劉宣言原交鈔所起漢唐以來皆未嘗有宋紹興初軍餉不繼造此以誘商旅為沿邊糴買之計比銅錢易於齎擎民甚便之稍有滯礙即用見錢尚存古人子母相權之意日增月益其法浸弊趙孟頫有言古者以米絹民生所須謂之二寔銀錢與二物相兼謂之二虛鈔乃宋時所創始於邊郡金入襲而用之皆出於不得已然宋人以嘗論之謂無錢為本亦不能以空文行今日上下皆銀輕裝易致而楮帛自無所用周必大二老堂雜志近歲用會子乃四川交子法特官券耳不知何人目為楮帛遂入殿試御題君正言之猶紙錢

也乃以為文何邪故洪武初欲行鈔法至禁民間行使金銀以姦
惡論而卒不能行及乎後代銀日盛而鈔日微勢不兩行
明然易見及崇禎之末倪公元璐掌戶部必欲行之行鈔之議
始於天啟初礼科惠世揚及崇禎末有蔣臣者後中具說擢為戶部司務終不可行而止其亦未察乎
古今之變矣
議者但言洪武間鈔法通行考之寔錄二十七年八月丙
戌禁用銅錢矣其時即有以錢百六十折鈔一貫者故詔禁之○大明會典洪武二十七年令軍民商賈所有銅錢有司收歸官依數換鈔不許行使○正統十三年五月庚寅禁使銅錢時鈔既通行而市廛亦仍以銅錢交易每鈔一貫折銅錢二文監察御史蔡愈濟以為言請出榜禁約令錦衣衛五城兵馬司巡視有以銅錢交易擒治其罪十倍罰之上從其請
三十年三月甲子禁用金銀矣三十五
年十二月甲寅命俸米折支鈔者每石增五貫為十貫是

國初造鈔之後不過數年而其法已漸壞不行於是有奸惡之條充賞之格而卒亦不能行也（永樂元年四月丙寅以鈔法不行下令禁金銀交易犯者准奸惡論有能首捕者以所交易金銀充賞其兩相交易而一人自首者免坐賞與首捕同二年正月戊午詔自今有犯交易銀兩之禁者免死徙家興州屯戍）蓋昏爛出入倒換之弊必至於此乃以鈔之不利而并錢禁之廢堅剛可久之貨而行輭熟易敗之物宜其勿順於人情而卒至於滯閣（正統十年山西布政司奏章貯鈔貫朽爛不堪用者五十九萬三十錠有奇勅令焚燬）後世興利之臣慎無言此可矣

自鈔法行而獄訟滋多於是有江夏縣民父死以銀營葬具而坐以徙邊者矣有給事中丁環奉使至四川遣親吏以銀誘民交易而執之者矣（竝永樂二年三月）舍烹鮮之理就揚

沸之威，去冬日之温，用秋荼之察，天子亦知其拂於人情而為之戒飭，然其不達於天聽、不登於吏書者，又不知凡幾也。孟子曰：「焉有仁人在位，罔民而可為也？」若鈔法者，其不為罔民之一事乎？

元史世祖至元十七年，中書省議流通鈔法，凡賞賜宜多給幣帛，課程宜多收鈔。於是陳瑛祖之請，通計户口食鹽納鈔。又詔令課程贓罰等物悉輸鈔。永樂五年三月甲申又詔令笞杖定等輸鈔贖罪。二十二年十月癸卯又令榷增市肆門攤課程收鈔。洪熙元年正月庚寅又令倒死虧欠馬駝等畜並輸鈔。又令各欠羊皮魚鰾翎毛等物並輸鈔。宣德元年十月乙亥又令塌坊果園舟車裝載並納鈔。四年六月壬寅今之鈔關始此欲以重鈔，而鈔不行於是制為阻滯之法之罪有不用鈔一貫者罰納千貫親隣里老旗甲知情不首依犯者一貫罰百貫其閑閉鋪店潛自貿易及抬高物價之人罰鈔萬貫知情不首罰千貫三年六月癸卯而愈不可行矣正統十三年五月辛丑詔今後有阻滯鈔法者令有司拏所犯人每貫追一萬貫入官全家發戍遠邊

宣德三年六月己酉詔停造新鈔已造完者悉收庫不許放支其在庫舊鈔委官選揀堪用者備賞賚不堪者燒燬天子不能與萬物爭權信夫正統元年黃福疏言洪武間銀一兩當鈔三五貫今銀一兩當鈔千餘貫

大明會典國初止有商稅未嘗有船鈔至宣德間始設鈔關夫鈔關之設本藉以收鈔而通鈔法也鈔既停則關宜

罷矣如果園菜園之征未久而罷乃猶以為利國之一孔而仍因不革豈非聚斂之所謂以待來年者乎

宣德中浙江按察使林碩江西副使石璞累奏洪武鈔重物輕所以當時定律官吏受贓枉法八十貫律絞方今物重鈔輕苟非更革刑必失重乞以銀米為準未行至正統五年十一月行在刑部都察院大理寺議今後文職官吏人等受枉法贓比律該絞者有祿人估鈔八百貫之上無祿人估鈔一千二百貫之上俱發北方邊衛充軍亦可以知鈔道之低昂矣

偽銀

今日上下皆用銀而民間巧詐滋甚非直紿市人且或用

以欺官長濟南人家專造此種僞物至累千累百用之殆所謂爲盜不操矛弧者也律凡僞造金銀者杖一百徒三年爲從及知情買使者各減一等其法既輕而又不必用故民易犯夫刑罰世輕世重視其敝何如爾漢時用黄金孝景中六年十二月定鑄錢僞黄金弃市律造僞黄金與私鑄錢者同弃市劉更生以典尚方作黄金不成劾以鑄僞黄金繫當死武帝元鼎五年飲酎少府省金而列侯坐酎金失侯者百餘人如淳曰漢儀注金少不如斤兩及色惡王削縣侯免國宋太祖開寳四年十月己巳詔僞作黄金者弃市而唐太宗太和三年六月依中書門下奏以鉛錫錢交易者過十貫以上所在集衆決殺今僞銀之罪不下於僞黄金而重於以鉛

錫錢交易宜比前代之法置之重辟實錄正統十一年三月癸未從順天府大興縣知縣馬聰言造偽銀者發邊衛充軍而景泰元年十一月賞賚有假金三兩致也先遣使來言是則法之不行遂有以此欺朝廷者矣　庶可以革奸而反樸也

漢既以錢為貨而銅之為品不齊故水衡都尉其屬有辨銅令丞此亦周官職金之遺意

日知録卷之十六

財用

古人制幣以權百貨之輕重錢者幣之一也將以導利而布之上下非以為人主之私藏也食貨志言民有餘則輕之故人君斂之以輕民不足則重之故人君散之以重凡輕重斂財之以時則準平使萬室之邑必有萬鍾之臧臧繈千萬千室之邑必有千鍾之臧臧繈百萬錢孟康曰繈錢貫也 齊武帝永明五年九月丙午詔以粟帛輕賤工商失業良由圜法久廢上幣稍寡可令京師及四方出錢億萬糴米穀絲綿之屬其和價以優黔首南齊豫章王嶷鎮荊州以穀過賤聽民以米當口錢優評斛一百優評者貴而取之 唐憲宗時白居易策言今天下之錢日以

藏於或積於内府或滯於私家若復日月徵收歲時輸納臣恐穀帛之價轉賤農桑之業益傷十年以後其弊必更甚於今日而元和八年四月勅以錢重貨輕出内庫錢五十萬貫令兩市收買布帛每端匹視舊估加十之一十二年正月又勅出内庫錢五十萬貫令京兆府揀擇要便處開塲依市價交易今日之銀猶夫前代之錢也乃歲歲徵數百萬貯之京庫而不知所以流通之術於是銀之在下者至於竭涸而無以繼上之求然後民窮而盜起矣單穆公有言絶民用以實王府猶塞川原而為潢汙也自古以來有民窮財盡而人主獨擁多藏於上者乎此無他不知錢幣之本為上下通共之財而以為一家之物也詩曰不

弔昊天不宜空我師有子曰百姓不足君孰與足古人其知之矣

財聚於上是謂國之不祥不幸而有此與其聚於人主無寧聚於大臣昔殷之中年有亂政同位具乃貝玉總於貨寶貪濁之風亦已甚矣有一盤庚出焉遂變而成中興之治及紂之身用乂讐斂鹿臺之錢鉅橋之粟聚於人主史記殷本紀厚賦稅以實鹿臺之錢而前徒倒戈自燔之禍至矣故堯之禪舜猶曰四海困窮天祿永終而周公之繫易曰渙王居无咎管子曰與天下同利者天下持之擅天下之利者天下謀之嗚呼崇禎末年之事可為永鑒也已後之有天下者其念之哉

唐自行兩稅法以後天下百姓輸賦於州府一曰上供二曰送使三曰留州（舊唐書裴珀傳新唐書食貨志同　元稹狀言臣伏准前後制勅及每歲旨條兩稅留州使錢外加率一錢一物州府長吏並同枉法計贓仍令出使御史訪察聞奏）及宋太祖乾德三年詔諸州支度經費外凡金帛悉送闕下無得占留（宋史食貨志）自此一錢以上皆歸之朝廷而簿領纖悉特甚於唐時矣然宋之所以愈弱而不可振者實在此（宋史言宋聚兵京師外州無留財天下支用悉出三司故其費寖多）昔人謂古者藏富於民自漢以後財已不在民矣而猶在郡國不至盡輦京師是亦漢人之良法也後之人君知此意者鮮矣

自唐開放初歸融為戶部侍郎兼御史中丞奏言天下一家何非君土中外之財皆陛下府庫而宋元祐中蘇轍為

户部侍郎則言善為國者藏之於民其次藏之州郡州郡有餘則轉運司常足猶今之布政司轉運司既足則户部不困自熙寧以来言利之臣不知本末欲求富國而先困轉運司轉運司既困則上供不繼上供不繼而户部亦憊矣兩司既困雖内帑别藏積如丘山而委為朽壤無益於筭也是以仁宗時富弼知青州朝廷欲輦青州之財入京師弼上疏諫金世宗欲運郡縣之錢入京師徒單克寧以為如此則民間之錢益少亦諫而止之以余所見本朝之事盡外庫之銀以解户部蓋起於近日而非祖宗之制也王士性廣志繹言天下府庫莫盛於川中余以戊子典試於川詢之、藩司庫儲八百萬銀兩之數即成都重慶等府俱不下二十萬順慶亦十萬益川中無起運之糧而專備西南用兵故兩浙賦甲天下余丁亥北上滕師少松為余言癸酉督學浙中藩司儲八十萬後為方伯止四十萬今為中丞藩司言不及二十萬矣十年之間積貯一空如此及余己丑參政廣西顧臬使問自浙糧儲來詢之則云浙藩今已不及十萬也廣西老庫儲銀十五萬不敢每歲以入為出耳余甲午參政山東藩司亦不及二十萬之儲庚辰入滇滇藩亦不滿十萬與浙同每歲取礦課五六萬用之今太倉所蓄亦止老庫四百餘萬有事則取諸太僕寺余乙未貳卿太僕時亦止老庫四百萬每歲馬價不足用則取之草料益十年間東倭西哱所用於二帑者踰二百萬故也其所

記萬曆時事如此至天啟中用操江范濟世之奏一切外儲盡令解京而搜括之令自此始矣今錄上諭全文於此俾後之考世變者得以覽焉天啟六年四月七日上諭工部都察院朕思殿工肇興所費宏鉅今雖不日告成但所欠各項價銀已幾至二十萬況遼東未復兵餉浩繁若不盡力餉措多方清察則大工必至乏誤而邊疆何日敉寧殊非朕仰補三朝闕典之懷亦非臣下子來奉上之誼也朕覽南京操江憲臣范濟世兩疏所陳鑿鑿可據其所管應天揚州府等處庫貯銀兩前已有旨盡行起解到京之日照數察收似此急公徇上之誠足為大小臣工模範使天下有司皆同此心朕何憂乎鼎建之殷繁軍餉之難措

哉范濟世所奏奉旨已久其銀兩何尚未解到爾工部都察院即行文速催以濟急用且天之生財止有此数既上不在官又下不在民豈可目擊時艱忍置之無用之地朕聞淂鹽運司每年募兵銀六千兩實收在庫約有二十餘萬兩又鹽院康丕揚在任一文未取每年加派銀一萬約有二十餘萬兩又故監魯保遺下每年餘銀四萬兩約有四十餘萬兩連院前除支銷費過餘銀約有八十餘萬兩刷卷察盤可據又南太僕寺解過馬價餘銀二十六萬兩見寄在應天等府貯庫又户科貯庫餘銀約有七萬兩寄收應天府又操江寄十四府餘銀約有十萬兩又操江寄貯揚州鎮江安慶三府備倭餘銀約有三十餘萬兩北道

刷卷御史可據已上七宗俱當遵照范濟世所奏事例徹底清察就着南京守備内臣劉敬楊國瑞丞委廉幹官胡良輔劉文耀會同該部院撫按官着落經管衙門察核的確速行起解有敢推避嫌怨隱匿稽遲懷私抗阻者必罪有所歸如起解不完則撫按等官都不許考滿遷轉劉敬等亦不許扶同蒙蔽亂法狥私必須殫力急公盡心搜括庶天工邊務均有攸賴國家有用之物不至為貪吏侵漁昭朕裕國恤民德意又聞南京内庫祖宗時所藏金銀珍寶皆爲魏忠賢矯旨取進先帝諭中所云將我祖宗庫貯傳國奇珍異寶盜竊幾至一空者不知其歸之何所自此搜去不已至於加派加派不已至於捐助以訖於亡繇此

言之則捜括之令開於范濟世成於魏忠賢而外庫之虚民力之匱所繇來矣（崇禎元年六月奉旨范濟世阿逆璫妄報操銀贓害地方著冠帶閒住）以英明之主繼之而猶不免乎與亂同事然則知上下之為一身中外之為一體者非聖王莫之能也傳曰長國家而務財用者必自小人矣豈不信夫

開科取士則天下之人日愚一日立限徵糧則天下之財日窘一日吾未見無人與財而能國者也然則如之何必有作人之法而後科目可得而設也必有阜財之方而後賦稅可得而收也

言利之臣

孟子曰無政事則財用不足古之人君未嘗諱言財也所

惡於興利者為其必至於害民也昔我太祖嘗黜言利之御史而謂侍臣曰君子得位欲行其道小人得位欲濟其私欲行道者心存於天下國家欲濟私者心存於傷人害物洪武十三年五月闕姓寔錄不載其名御史此則唐太宗責權萬紀之遺意也又廣平府吏王允道言磁州臨水鎮產鐵請置爐冶上曰朕聞治世天下無遺賢不聞天下無遺利且利不在官則在民民得其利則財源通而有益於官官專其利則利源塞而必損於民今各冶數多軍需不乏而民生業已定若復設此必重擾之矣杖之流海外十五年五月聖祖不肯好貨之意可謂至深切矣自萬曆中礦稅以來求利之方紛紛且數十年而民生愈貧國計亦愈窘然則治亂盈虛之

數從可知已為人上者可徒求利而不以斯民為意與

新唐書宇文韋楊王列傳贊曰開元中宇文融始以言利得幸於時天子見海内完治偃然有攘卻四夷之心融度帝方調兵食故議取隱戶剩田以中主欲利說一開天子恨得之晚不十年而取宰相雖後得罪而追恨融才猶所未盡也天寶以來外奉軍興内蠱豔妃所費愈不貲計於是韋堅楊慎矜王鉷楊國忠各以裒刻進損下益上歲進羨緡百億萬為天子私藏以濟橫賜而天下經費自如帝以為能故重官累使尊顯烜赫然天下流亡日多於前有司備員不復事而堅等所欲既克還用權媚以相屠滅四族皆覆為天下笑孟子所謂上下交征利而國危者可不

信哉嗚呼芮良夫之刺厲王也曰所怒甚多而不備大難三季之君莫不皆然前車覆而後不知誡人臣以悉其軀人主以亡其國悲夫

讀孔孟之書而進管商之術此四十年前士大夫所不肯為而今則滔滔皆是也有一人焉可以言而不言則羣推之以為有恥之士矣上行之則下效之於是錢穀之任榷課之司昔人所避而不居今且攘臂而爭之禮義淪亡盜竊竸作苟為後義而先利不奪不饜後之興王所宜重為懲創以變天下之貪邪者莫先乎此

俸祿

今日貪取之風所以膠固於人心而不可去者以俸給之

薄而無以贍其家也昔者武王克殷庶士倍禄王制諸侯之下士視上農夫中士倍下士上士倍中士下大夫倍上士漢宣帝神爵三年詔曰吏不廉平則治道衰今小吏皆勤事而俸禄薄欲其毋侵漁百姓難矣其益吏百石已下俸十五如淳曰律百石俸月六百韋昭曰若食一斛則益五斗光武建武二十六年詔有司增百官俸其千石已上減於西京舊制六百石已下增於舊秩晉武帝泰始三年詔曰古者以德詔爵以庸制禄雖下士猶食上農外足以奉公忘私内足以養親施惠謂分禄以贍宗族婚姻故人今在位者禄不代耕非所以崇化本也其議增吏俸唐時俸錢上州刺史八萬中下州七萬赤縣令四萬五千畿縣上縣令四萬赤縣丞三萬五千上縣丞

三萬赤縣簿尉三萬畿縣上縣簿尉二萬玄宗天寶十四載制曰衣食既足廉恥乃知至如資用靡充或貪求不已敗名冒法實此之繇輦轂之下尤難取給其在西京文武九品已上正員官（唐時官多有員外置者故分別言之）今後每月給俸食襍用防閤庶僕等宜十分率加二分其同正員官加一分仍為常式而白居易為盩厔尉詩云吏禄三百石歲晏有餘糧其江州司馬廳記曰唐興上州司馬秩五品歲廩數百石月俸六七萬官足以庇身食足以給家今之制禄不過唐人之什二三彼無以自贍焉得而不取諸民乎昔楊綰為相承元載汰侈之後欲變之以節儉而先益百官之俸皇甫鎛以宰相判度支請減內外官俸禄給事中崔植封還

詔書可謂達化理之原者矣

漢書言王莽時天下吏以不得俸祿各因官職爲姦受取賕賂以自共給五代史言北漢國小民貧宰相月俸止百緡節度使止三十緡自餘薄有資給而已故其國中少廉吏穆王之書曰爵重祿輕羣臣比而戾民畢程氏以亡此之謂矣

前代官吏皆有職田（晋魏隋唐書皆有官品第一至第九職田多少之数）故其祿重祿重則吏多勉而爲廉如陶潛之種秫（晉書本傳）阮長之之芒種前一日去官（宋書本傳）皆公田之證也元史世祖至元元年八月乙巳詔定官吏員數分品從官職（品如正一品正二品從如從一品從二品）給俸祿頒公田太祖實録洪武十年十月辛酉制賜百

官公田以其祖入充俸禄之数是國初此制未廢不知何年收職田以歸之上而但折俸鈔實録會典皆不載其数復視前代為輕殆無以責吏之廉矣

宣宗實録宣德八年三月庚辰兼掌行在户部事禮部尚書胡濙奏請文武官七年分俸鈔每石減舊数折鈔一十五貫以十分為率七分折與官絹每匹准鈔四百貫三分折與官綿布每匹准鈔二百貫從之永樂二十二年十月庚申月增給在京文武官及錦衣衛將軍總小旗米各五斗襍職及吏并各衛總小旗軍力士校尉人等有家屬者米各四斗無家屬者各斗五升並準俸糧之支鈔者濙初建議與少師蹇義等謀義等力言不可曰仁宗皇帝在春宮久深知官員折俸之薄故即位特增数倍此仁政也豈可違之濙初欲每石減作十貫聞義

等言乃作十五貫按洪熈元年閏七月尹松言官員俸祿以鈔折米四方米價貴賤不同每石四五十貫者有之六七十貫者有之則是時折鈔猶準米價白而行之而小官不足者多矣已上實錄文

大明會典官員俸給條云每俸一石該鈔二十貫每鈔二百貫折布一匹後又定布一匹折銀三錢是十石之米折銀僅三錢也正統六年十一月丙辰增給在外文武官吏軍士俸糧原定糧一石給鈔十五貫今增十貫爲二十五貫十二年四月丙辰仍減為十五貫又按景泰七年二月甲辰令折俸鈔每七百貫與白金一兩天順元年正月壬辰詔京官景泰七年折俸鈔俱准給銀從戶部奏請以官庫鈔少故也在京文武官員折俸鈔先是米一石折鈔二十五貫後因戶部裁省定為十五貫至是尚書馬昂又奏每石再省五貫從之時鈔法久不行新鈔一貫時俗不過十錢舊鈔僅一二錢甚至積之市肆過者不顧以十貫鈔折俸一石則是斗米一錢也小吏俸薄無以養廉莫甚於此成化七年十月丁丑戶部請以布一匹准折文武官員俸糧二十

石舊例兩京文武官折色俸粮上半年給鈔下半年給蘇木胡椒至是戶部尚書楊鼎奏京庫椒木不足甲字庫多積綿布以時估計之闊白布一疋可准鈔二百貫請以布折米仍視折鈔例每十貫一石先是折俸鈔米一石鈔二十五貫漸減至十貫是時鈔法不行鈔一貫直二三錢是米一石僅值錢二三十文至是又折以布布一匹時估不過二三百錢而折米二十石則是米一石僅值十四五錢也自古百官俸祿之薄未有如此者後遂以為常例蓋

國初民間所納官糧皆米麥也或折以鈔布百官所受俸亦米也或折以鈔其後鈔不行而代以銀於是糧之重者愈重崇禎中粮一石至折銀二兩而俸之輕者愈輕其弊在於以鈔折米以布折鈔以銀折布而世莫究其源流也

正統六年二月戊辰巡按山東監察御史曹泰奏臣聞之書曰凡厥正人既富方穀今在外諸司文臣去家遠仕妻子隨行祿厚者月給米不過三石薄者一石二石又多折

鈔九載之間仰事俯育之資道路往來之費親故問遺之需滿罷閑居之用其祿不贍則不免失其所守而陷於罪者多矣乞勅廷臣會議量為增益俾足養廉如是而仍有貪污懲之無赦事下行在户部格以定制不行

北夢瑣言唐畢相諴家本寒微其舅爲太湖縣伍伯（伍伯即今號褲職行杖者）相國耻之俾罷此役為除一官累遣致意竟不承命特除選人楊載宰此邑參辭日於私第延坐與語期為落籍津送入京楊令到任具達台旨伍伯曰某下賤豈有外甥爲宰相耶楊令堅勉之乃曰某每歲公稅享六十緡事例錢（盖如今之工食）苟無敗闕終身優遲不審相公欲爲致何官職楊令具以聞相國歎賞亦然其說竟不奪其志也夫

以伍伯之役而歲六十緡宜乎臺皁之微皆知自重乃信漢書言趙廣漢奏請令長安游徼獄吏秩百石其後百石吏皆差自重不敢枉法妄繫留人誠吏之本務謂貪浼之積習不可反而廉靜者真不知治體之言矣

助餉

人主之道在乎不利羣臣百姓之有夫能不利羣臣百姓之有然後羣臣百姓亦不利君之有而府庫之財可長保矣舊唐書柳渾傳渾爲宰相奏故尚書左丞田季羔公忠正真先朝名臣其祖父皆以孝行旌表門閭京城隋朝舊第季羔一家而已今被堂姪伯强進狀請貨宅召市人馬以討吐蕃一開此門恐滋不逞討賊自有國計豈資僥倖

之徒且毀棄義門虧損風教望少責罰亦可懲勸上可其奏夫以德宗好貨之主而猶能聽宰相之言不受伯強之獻後之人君可以思矣王明清記高宗建炎二年有湖州民王永從獻錢五十萬緡上以國用稍集卻之仍詔今後富民不許陳獻嗟夫此宋之所以復存於南渡也與漢武尊卜式以風天下猶是勸之以爵今乃怵之以威戚畹之家常惴惴不自保而署其門曰此房實賣都城之中十室而五其不祥孰甚焉南唐書言後主之世以鐵錢六權銅錢四而行至其末年銅錢一直鐵錢十比國亡諸郡所積銅錢六十七萬緡嗚呼此所謂府庫財非其財者矣賊犯京師史公可法爲南京兵部尚書軍餉告絀乃傳檄

募富人出財助國其畧曰親効乃雍容之事唐宗尚有崇韜出塞本徼幸之圖漢武尚逢卜式桐城諸生姚士晉之辞也然百姓終莫肯輸財佐縣官而神京淪喪殆於孟子所謂委而去之者雖多財奚益哉

洪武十五年七月堂邑民有掘得黄金者有司以進於朝上曰民得金而朕有之甚無謂也命歸之民録實天啟初遠事告急有議及捐助者朝論以為教猱升木而六年十二月兵部主事詹以晋疏請靈鷲廢寺所存田畝變價助工奉旨詹以晋垂涎賤價規奪寺業可削籍為民仍令自行修理寺宇田有變佃為民業者責令贖本寺以為言利錙銖之戒以權奄之世而下有此論上有此旨亦三代直道

之猶存矣

行劫不得而有誆騙加派不得而有勸輸

馬政

析因夷隩先王之所以處人民也日中而出日中而入左氏莊二十九年傳先王之所以處廄馬也

漢鼂錯言令民有車騎馬一匹者復卒三人師古曰當為卒者免其三人不為卒者復其錢文帝從之故文景之富衆庶街巷有馬仟伯阡陌字同之閒成羣乘牸牝者擯而不得會聚漢書食貨志塞之斥也橋桃致馬千匹貨殖傳班壹避墜古地字於樓煩致馬牛羊數千羣叙傳則民間之馬其盛可知武帝輪臺之悔乃修馬復令復卒三人之令西域傳唐玄宗開元九年詔天下之有

馬者州縣皆先以郵遞軍旅之役定戶復緣以升之百姓畏苦乃多不畜馬故騎射之士減曩時自今諸州民勿限有無蔭能家畜十馬以下免帖驛郵遞征行定戶無以馬為資（唐書兵志）古之人君其欲民之有馬如此惟夷狄之君忌漢人之強而不欲其有馬故魏世宗正始四年十一月丁未禁河南畜牝馬（魏書本紀延昌元年六月戊寅通河南牝馬之禁）元世祖至元二十三年六月戊申括諸路馬凡色目人有馬者三取其二漢民悉入官敢匿與互市者罪之（元史本紀）實錄言永樂元年七月丙戌上諭兵部臣曰比聞民間馬價騰貴蓋禁民不得私畜故也漢文景時閭里有馬成羣民有即國家之有其榜諭天下聽軍民畜馬勿禁又曰三五年後庶幾馬

漸蕃息此承元人禁馬之後故有此諭而洪熙元年正月辛巳上申諭兵部令民間畜官馬者二歲納駒一匹俾得以餘力養私馬至宣德六年有陜西安定衞土民王從義畜馬蕃息數以來獻此則小為之而小效者也然未及修漢唐復馬之令也

驛傳

後唐輿服志曰驛馬三十里一置史記田横乘傳詣雒陽未至三十里至尸鄉廏置是也唐制亦然（唐書百官志凡三十里有驛）白居易詩從陜至東京（今陜西至河南府）山低路漸平風光四百里（在今代為三百里）車馬十三程是也（桑維翰對晉高祖言大梁距鄴不過十驛）其行或一日而馳十驛岑參詩一驛過一驛驛騎如星流平明

發咸陽暮及隴山頭韓愈詩銜命山東撫亂師日馳三百自嫌疑是也（天寶六載勅自今左降官日馳十驛以上）又如天寶十四載十一月丙寅安祿山反於范陽壬申聞於行在所時上在華清宮（在今臨潼縣）六日而達至德二載九月癸卯廣平王收西京甲辰捷書至行在時上在鳳翔府一日而達而唐制赦書日行五百里則又不止於十驛也古人以置驛之多故行速而馬不斃後人以節費之說歷次裁併至有七八十里而一驛者馬倒官逃職此之故盡一考之前史乎（且如通州潞河驛四十里至夏店驛五十里至公樂驛五十里至薊州漁陽驛今以夏店公樂二驛併於三河則一驛七十里矣豈不勞乎又如定州永定驛五十里至西樂驛四十五里至伏城驛四十里至真定府恒山驛猶仍舊貫使併為三驛亦必不堪其斃矣）

且古之置驛短較
今[illegible]也[illegible]

古人以三十里為一舍左傳楚子入鄭退三十里而許之平註以為退一舍而詩言我服既成于三十里周禮遺人三十里有宿宿有路室然則漢人之驛馬三十里一置有自來矣史記晉世家註引賈逵曰司馬法遯不過三舍三舍九十里也

國初凡驛皆有倉洪熙元年六月丙辰河南新安知縣陶鎔奏縣在山谷土瘠民貧遇歲不登公私無措惟南関驛有儲粮臣不及待報借給貧民一千七百二十八石上嘉其稱職即此一事而當時儲畜之裕法令之寬賢尹益下之權明主居高之聽皆非後世之所能及矣然則驛之有倉不但以共賓客使臣而亦所以待凶荒饑阨實周禮遺人之掌也帖括後生何足以知先王之政哉

今時十里一鋪（鋪俗作舖）設卒以遞公文（金史泰和六年初置急遞鋪腰鈴傳遞日行三百里大名府志唐有銀牌宋熙寧有金字牌急脚遞岳飛奉詔班師一日中十二金字牌是也）孟子所云置郵而傳命蓋古已有之史記白起既行出咸陽西門十里至杜郵漢書黄霸傳註師古曰郵亭書舍謂傳送文書所止處

漕程

山堂考索載唐漕制凡陸行之程馬日七十里步及驢五十里車三十里水行之程舟之重者泝河日三十里江四十里餘水四十五里空舟泝河四十里江五十里餘水六十里沿流之舟則輕重同制河日一百五十里江一百里餘水七十里輕運徵斂送納皆準程節其遲速其三峽砥

柱之類不拘此限此法可以不盡人馬之力而亦無逗留之患今之過淮過洪及回空之限猶有此意而其用車驢則必窮日之力而後止以至於人畜兩斃豈非後人之急迫日甚於前人也與然其效可睹矣

私鹽

松江李雯論鹽之產於場猶五穀之生於地宜就場定額一稅之後不問其所之則國與民兩利又曰天下皆私鹽則天下皆官鹽也此論鑿鑿可行丘仲深大學衍義補言復海運而引杜子美詩雲帆轉遼海稉（俗作稉）稻來東吳為證余於鹽法亦引子美詩云蜀麻吳鹽自古通又曰風煙渺吳蜀舟檝通鹽麻又曰蜀麻久不來吳鹽擁荊門者如

今日之法各有行塩地界吴塩安得至蜀哉人人誦杜詩而不知此故事所云誦詩三百授之以政不達者也

洪武三年六月辛巳山西行省言大同粮儲自陵縣長蘆運至太和嶺路遠費重若令商人於大同倉入米一石太原倉入米一石三斗者俱准塩一引引二百斤商人鬻塩即以原給引目赴所在官司繳之如此則轉輸之省費而軍儲充矣從之此中塩之法所始

唐劉晏為轉運使專用榷塩法充軍國之用時自許汝鄭鄧之西皆食河東池塩度支主之汴滑唐蔡之東皆食海塩晏主之晏以為塩吏多則州縣擾故但於出塩之鄉置塩官收塩户所煑之塩轉鬻於商人任其所之自餘州縣

不復置官其江嶺間去鹽鄉遠者轉官鹽於彼貯之或商絶鹽貴則減價糶之謂之常平鹽官獲其利而民不乏鹽其始江淮鹽利不過四十萬緡季年乃六百萬緡由是國用充延而民不困弊今日鹽利之不可興正以鹽吏之不可罷讀史者可以慨然有省矣

行鹽地分有遠近之不同遠於官而近於私則民不得不買私鹽既買私鹽則興販之徒必起於是爭盜賊多而刑獄滋矣宋史言江西之虔州地連廣南而福建之汀州亦與虔接虔鹽弗善汀故不產鹽二州民多盜販廣南鹽以射利又曰虔州官鹽自淮南運致鹵濕襍惡輕不及斤而價至四十七錢嶺南盜販入虔以斤半當一斤純白不襍賣錢二十以故虔人盡食嶺南鹽虔州即今贛州府宋時屢議不定今卒食廣東鹽每歲秋冬田

事纔畢，恒數十百為羣，持甲兵旗鼓，往來虔、汀、漳、潮、循、梅、惠、廣八州之地，所至劫人穀帛，掠人婦女，與巡捕吏卒鬬格，或至殺傷，則起為盜，依阻險要，捕不能得，或赦其罪招之。元末之張士誠以鹽徒而盜據吳會，其小小興販，雖太平之世未嘗絕也。余少居崑山、常熟之間，為兩浙行鹽地，而民間多販淮鹽，自通州渡江，其色青黑，視官鹽為善。及游大同，所食皆蕃鹽，堅緻精好。此地利之便，非國法之所能禁也。明知其不能禁，而設為巡捕之格，課以私鹽之獲每季若干為一定之額，此掩耳盜鐘之政也。

宋嘉祐中，著作佐郎何鬲、三班奉職王嘉麟上書請罷給茶本錢，縱園户貿易，而官收租錢與所在征筭歸榷貨務以償邊糴之費可以疏利源而寛民力仁宗從之其詔書曰歷世之敝一旦以除著為經常弗復更制以是雖當王安石之時而於茶法未有所變其說可通之鹽課者也

館舍

讀孫樵書褒城驛壁乃知其有沼有魚有舟讀杜子美秦州雜詩又知其驛之有池有林有竹今之驛舍殆於隸人之垣矣予見天下州之為唐舊治者其城郭必皆寛廣街道必皆正直廨舍之為唐舊刱者其基址必皆弘敞宋以下所置時彌近者制彌陋此又樵記中所謂州縣皆驛而人情之苟且十百於前代矣

今日所以百事皆廢者正緣 國家取州縣之財纖毫盡歸

之於上而吏與民交困遂無以爲修舉之資延陵季子遊於晉曰吾入其都新室惡而故室美新牆卑而故牆高吾是以知其民力之屈也說苑又不獨人情之苟且也漢制官寺鄉亭漏敗牆垣阤壞不治者不勝任先自劾古人所以百廢具舉者以此

街道

古之王者於國中之道路則有條狼氏滌除道上之狼扈而使之潔清於郊外之道路則有野廬氏達之四畿合方氏達之天下使之津梁相湊不得陷絕而又有遂師以巡其道修候人以掌其方之道治至於司險掌九州之圖以周知其山林川澤之阻而達其道路則舟車所至人力所

通無不蕩蕩平平者矣晉文之霸也亦曰司空以時平易道路而道路若塞川無舟梁單子以卜陳靈之亡自天街不正王路傾危塗潦徧於郊關汚穢種於輦轂詩曰周道如砥其直如矢君子所履小人所視睠言顧之潸焉出涕其今日之謂與

說苑楚莊王伐陳舍於有蕭氏謂路室之人曰巷其不善乎何溝之不浚也以莊王之霸而留意於一巷之溝此以知其勤民也

後唐明宗長興元年正月宗正少卿李延祚奏請止絶車牛不許於天津橋來往本朝兩京有街道官車牛不許入城

官樹

周礼野廬人比國郊及野之道路宿息井樹國語單襄公述周制以告王曰列樹以表道立鄙食以守路釋名曰古者列樹以表道〻有夾溝以通水潦古人於官道之旁必皆種樹以記里至以蔭行旅是以南土之棠召伯所茇道周之杜君子來游固已宣美風謡流恩後嗣子路治蒲樹本甚茂子產相鄭桃李垂街下至隋唐之代而官槐官柳亦多見之詩篇猶是人存政舉之效近代政廢法弛任人斫伐周道如砥若彼濯〻而官無勿翦之思民鮮侯甸之芘矣後漢百官志將作大匠掌修作宗廟路寢宮室陵園土木之功并樹桐梓之類列於道側是昔人固有專職三輔

黄圖長安御溝謂之楊溝謂植高楊於其上也後周書韋孝寬傳為雍州刺史先是路側一里置一土堠經雨頹毀每須修之自孝寬臨州乃勒部内當堠處植槐樹代之既免修復行旅又得芘蔭周文帝後問知之曰豈得一州獨爾當令天下同之於是令諸州夾道一里種一樹十里種三樹百里種五樹焉唐王維詩云槐陰陰到潼關冊府元龜唐玄宗開元二十八年正月於兩京城及城中苑内種果樹鄭審有奉使巡蕳兩京路種果樹事畢入奏詩代宗永泰二年正月種城内六街樹中朝故事曰天街兩畔槐木俗號為槐衙曲江池畔多柳亦號為柳行以其成行排立也韋應物詩云垂楊十二衢隱映金張室舊唐書吳湊傳官街樹缺所司植榆以補之湊曰榆非九衢之玩命易之以槐及槐陰成而湊卒人指樹而懷之周禮朝士註曰槐之言

懷也懷来人於此淮南子註同然則今日之官其無可懷之政也久矣

橋梁

唐六典凡天下造舟之梁四河則蒲津太陽河陽雒則孝義石柱之梁四雒則天津永濟中橋灞則灞橋木柱之梁三皆渭水便橋中渭橋東渭橋巨梁十有一皆國工修之此舉京都之衝要其餘皆所管州縣隨時營葺其大津無梁皆給船人量其大小難易以定其差等今畿甸荒蕪橋梁廢壞雄莫之問秋水時至年年陷絶曳輪招舟無賴之徒藉以為利潞河渡子勒索客錢至煩章劾司空不修長史不問亦已久矣成化八年九月丙申順天府〻尹李裕言本府津渡之處每歲水漲及天氣寒冱官司修造船以便往來又為無賴之徒冒載名色私造渡船勒取往來人財物深為民害乞勅巡按

（御史嚴為禁止從之）况於邊陲之遠能望如趙充國治湟陿以西道橋七十所令可至鮮水從枕席上過師哉五代史王周為義武節度使定州橋壞覆民租車周曰橋梁不修刺史過也乃償民粟為治其橋此又當今有司之所媿也

人聚

太史公言漢文帝時人民樂業因其欲然能不擾乱故百姓遂安自六七十翁亦未嘗至市井（史記律書）刘寵為會稽太守狗不夜吠民不見吏龐眉皓髮之老未嘗識郡朝（後漢書循吏傳）史之所稱其遺風猶可想見唐自開元全盛之日姚宋作相海內升平元稹詩云戍煙生不見村豎老猶純此唐之所以盛也至大曆以後四方多事賦役繁興而小民奔

走官府日不暇給元結作時化之篇謂人民為征賦所傷州里化為禍卽此唐之所以衰也宋熈寧中行新法蘇軾在杭州作詩曰贏得兒童語音好一年強半在城中衰敝之改自古一轍予少時見山野之氓有白首不見官長安於畎畝不至城中者泊於末造役繁訟多終歲之功半在官府而小民有家有二頃田頭枕衙門眠之諺見曹縣志已而山有負嵎林多伏莽遂舍其田園從於城郭又一變而求名之士訴枉之人悉至京師輦轂之間易於郊坰之路矣錐刀之末將盡爭之五十年來風俗遂至於此今將盡百姓之心而改其行必在制民之産使之甘其食美其服而後教化可行風俗可善乎

人聚於鄉而治聚於城而乱聚於鄉則土地闢田野治欲

民之無恒心不可得也聚於城則徭役繁獄訟多欲民之有恒心亦不可得也

昔在神宗之世一人無為四海少事郡縣之人其至京師者大抵通籍之官其僕從亦不過三四下此即一二舉貢與白糧解戶而已蓋幾於古之所謂道路罕行市朝生草鹽鐵論彼其時豈無山人游客干請公卿而各挾一藝未至多人衣食所須其求易給自東事既興廣行召募襍流之士吻口談兵九門之中塡衢溢巷至於封章自薦投匭告密甚者內結貂璫上窺嚬笑而人主之威福且有不行者矣詩曰我生之初尚無為我生之後逢此百罹與言及此每輙為之流涕

欲清輦轂之道在民使各聚於其鄉始

訪惡

尹翁歸為右扶風縣縣收取黠吏豪民案致其罪高至於死收取人必於秋冬課吏大會中及出行縣不以無事時其有所取也以一警百吏民皆服恐懼改行自新所謂收取人即今巡按御史之訪察惡人也武斷之豪舞文之吏主訟之師皆得而訪察之及乎濁亂之時遂借此為罔民之事矯其敝者乃并訪察而停之無異因噎而廢食矣

傳曰子產問政於然明對曰視民如子見不仁者誅之如鷹鸇之逐鳥雀也是故誅不仁所以子其民也

說苑董安于治晉陽問政于蹇老蹇老曰曰忠曰信曰敢

董安于曰安忠乎曰忠於主曰安信乎曰信於令曰安敢乎曰敢於不善人董安于曰此三者足矣

塩鐵論曰水有猵狚池魚勞國有強禦齊民消

盗賊課

史記酷吏傳武帝作沈命法曰羣盗起不發覺發覺而捕弗滿品者二千石以下至小吏主者皆死其小吏畏誅雖有盗不敢發恐不能得坐課累府府亦使其不言故盗賊寖多上下相為匿以文辭避法焉此漢世所名為盗賊課而為法之敝已盡此数言中矣漢書言張敞為山陽太守勃海膠東盗賊並起上書自請治之言山陽郡户九萬三千口五十萬以上訖計盗賊未得者七十七人（漢紀作十七人）它

課諸事亦略如此又處閒郡願徙治劇夫未得之盜猶有七十七人而以為郡內清治（紀云徵為大守郡內清治）豈非宣帝之用法寬於武帝時乎然武帝之末至大盜羣起遣繡衣之使持斧斷斬于郡國乃能勝之而宣帝之世帶牛佩犢之徒皆驅之歸於南畝卒之吏稱其職民安其業是則治天下之道有不恃法而行者未可與刀筆筐篋之士議也

後漢書光武紀建武十六年郡國羣盜處處並起攻劫在所害殺長吏郡縣追討到則解散去復屯結青徐幽冀四州尤甚上乃遣使者下郡國聽羣盜自相糾擿五人共斬一人者除其罪吏雖逗留迴避故縱者皆勿問聽以禽討為效其牧守令長坐界內盜賊而不收捕者及以畏愞捐

城委守者皆不以為負但取獲賊多為殿最註殿後也謂課居後也最凡要之首也謂課居先也唯蔽匿者乃罪之於是吏相追捕賊並解散徙其魁帥於它郡賦田受稟使安生業自是牛馬放牧邑門不閉光武精於吏事故其治盜之方如此天下之事得之於疏而失之於密大抵皆然又豈獨盜賊課哉

收兵器之弊始于秦始皇至失天下二世不旋踵顧後人亦以為戒反效法之何哉

禁兵器

王莽始建國二年禁民不得挾弩鎧徙西海隋煬帝大業五年制民間鐵叉搭鉤穳刃之類皆禁絕之尋而海內兵興隕身失國元世祖至元二十三年二月己亥勅中外凡漢民持鐵尺手撾及杖之有刃者悉輸於官六月戊申括諸路馬凡色目人有馬者三取其二漢民悉入官二十六年

可謂百寮之象
令五馬

十二月辛巳括天下馬一品二品官許乘五匹三品四匹四品五品二匹六品以下皆一匹陳天祥傳興国軍以籍兵器致亂行省命天祥權知本軍事天祥命以十家為甲十甲為長弛兵器以從民便境內遂平其後代者務更旧政治隱匿兵者甚急天祥去未久而興國復變鄰郡反大江南北諸城邑多乘勢殺其守將以應之順帝至元三年四月癸酉禁漢人南人高麗人不得執持軍器凡有馬者拘入官已而羣盜充斥攻陷城邑至正十七年正月辛卯命山東分省團結義兵每州添設判官一員每縣添設主簿一員專率義兵以事守禦故刘文成有詩曰他時重禁藏弓戟今日呼令習鼓鞞嗚呼予視天下愚夫愚婦一能勝予古之聖王則既已言之矣

漢武帝時公孫弘奏言禁民毋得挾弓弩吾丘壽王難之

以為聖王務教化而省禁防今陛下昭明德建太平宇内日化方外鄉風然而盜賊猶有者郡國二千石之罪非挾弓弩之過也試能明教化之原而帥之以為善保家之道則家有鶴膝户有犀渠適足以誇國俗之強唐書鄭惟忠傳引吳都賦而不至尊民以不祥之器矣

水利

歐陽永叔作唐書地理志凡一渠之開一堰之立無不記之其縣之下實兼河渠一志亦可謂詳而有體矣蓋唐時為令者猶得以用一方之財興期月之役而志之所書大抵在天寶以前者居什之七豈非太平之世吏治修而民隱達故常以百里之官而創千年之利至於河朔用兵之

後則以催科為急而農功水道有不暇講求者歟然自大曆以至咸通猶皆書之不絕於冊而今之為吏則數十年無聞也已水日乾而土日積山澤之氣不通又焉得而無水旱乎崇禎時有輔臣徐光啟作書特詳於水利之學而給事中魏呈潤亦言傳曰雨者水氣之所化水利修亦致雨之術也夫子之稱禹也曰盡力乎溝洫而禹自言亦曰濬畎澮距川古聖人有天下之大事而不遺乎其小如此自乾時著於齊人枯濟徵於王莽古之通津巨瀆今日多為細流而中原之田夏旱秋潦年年告病矣

龍門縣今之河津也北三十里有瓜谷山堰貞觀十年築東南二十三里有十石壚渠二十三年縣令長孫恕鑿溉

田良沃畆收十石西二十一里有馬鞍塢渠亦恕所鑿有龍門倉開元二年置所以貯渠田之入轉般至京以省關東之漕者也此即漢時河東太守番係之策史記河渠書所謂河移徙渠不利田者不能償種而唐人行之竟以獲利是知天下無難舉之功存乎其人而已謂後人之事必不能過前人者不亦誣乎

唐姜師度為同州刺史開元八年十月詔曰昔史起溉漳之策鄭白鑿涇之利自茲厥後聲塵缺然同州刺史姜師度識洞於微智形未兆匪躬之節所懷必罄奉公之道知無不為頃職大農首開溝洫歲功猶昧物議紛如緣其忠款可嘉委任仍舊暫停九列之重假以六條之察白藏過

半績用斯多食乃人天農為政本朕故茲巡省不憚祁寒將申勸恤之懷特冒風霜之弊今原田彌望畎澮連屬繇來榛棘之所徧為秔稻之川倉庾有京坻之饒閑輔致畝金之潤本營此地欲利平人緣百姓未開恐三農虛棄所以官為開發冀令遞相教誘功既成矣思與共之其屯田內先有百姓挂籍之地比來召人作主亦量准頃私割還其官也熱〔熟〕田如同州有貧下欠地之戶自辦功力能營種者准數給付餘地且依前官取師度以功加金紫光祿大夫賜帛三百匹冊府元龜本傳師度既好溝洫所在必發眾穿鑿雖時有不利而成功亦多讀此詔書然後知無欲速無見小利二言為建功立事之本孫叔敖決期思水之而灌雩婁之野莊知其可以為令尹

也淮南子魏襄王與羣臣飲酒王為羣臣祝曰令吾臣皆如西門豹之為人臣也文侯時西門豹為鄴令史起進曰魏氏之行田也以百畝鄴獨二百畝是田惡也漳水在其旁西門豹不知用是不智也知而不興是不仁也仁智豹未之盡何足法也於是以史起為鄴令引漳水溉鄴以富魏之河內史記

○按後漢書安帝紀元初二年正月修理西門豹所分漳水為支渠以溉民田則指此為西門豹所為人君者有率作興事之勤有授方任能之略不患無叔敖史起之臣矣

漢書召信臣為南陽太守為民作水約束刻石立於田畔以防紛爭晉書杜預都督荊州諸軍事修召信臣遺跡分疆刻石使有定分公私同利此今日分水之制所自始也

洪武末遣國子生人才分詣天下郡縣集吏民乘農隙修治水利二十八年奏開天下郡縣塘堰凡四萬九百八十七處河四千一百六十二處陂渠堤岸五千四十八處此

聖祖勤民之效

雨澤

洪武中令天下州縣長吏月奏雨澤蓋古者龍見而雩春秋三書不雨之意也承平日久率視為不急之務永樂二十二年十月仁宗即位通政司請以四方雨澤奏章類送給事中收貯上曰祖宗所以令天下奏雨澤者欲前知水旱以施恤民之政此良法美意今州縣雨澤章奏乃積於通政司上之人何繇知又欲送給事中收貯是欲上之人終不

知也如此徒勞州縣何為自今四方所奏雨澤至即封進朕親閱焉（今大明會典具載雨澤奏本式）嗚呼聖祖起自側微升為天子其視四海之廣猶吾莊田兆民之衆猶吾佃客也故其留心民事如此當時長吏得以言民疾苦而里老亦得詣闕自陳後世雨澤之奏遂以寖廢天災格而不聞民隱壅而莫達然後知聖祖之意有不但於祈年望歲者民親而國治有以也夫

河渠

黃河載之禹貢東過洛（諱闕）汭至于大伾北過洚水至于大陸又北播為九河同為逆河入于海者其故道也漢元光中河決瓠子東南注鉅野通于淮泗武帝自臨發卒數萬

人塞之築宮其上名曰宣防導河北行復禹舊迹而梁楚之地復寧無水災自漢至唐河不為害几及千年五代史晉開運元年五月丙辰滑州河決浸汴曹濮單鄆五州之境環梁山合于汶水與南旺蜀山湖連瀰漫数百里河乃自北而東宋史熙寧八年七月乙丑河大決于澶州曹村北流断絶河道南徙東滙于梁山張澤濼分為二派一合南清河入于淮一合北清河入于海河又自東而南矣元豐以後又決而北議者欲復禹迹而大臣力主回東之議宋史河渠志序曰自滑臺大伾嘗而經汎溢復禹蹟矣一時姦臣建議必欲回之俾復故流竭天下之力以塞之屢塞屢決至南渡而後貽其禍於金源氏降及金元其勢日趨於南而不可挽故今之河非古之河矣自中年以下奪汴徐州以下奪泗

清口以下奪淮凡三奪而後注于海今歲久河身日高淮泗又不能容矣廟堂之議既視其奪者以為常司水之臣又乘其決者以為利不獨以害民生妨國計而於天地之氣運未必不有所関也自宋之亡以至於今首顧居下足反居上嗚呼雖人事使然豈得不繇於地脉哉

丘仲深大學衍義補言禮曰四瀆視諸侯謂之瀆者獨也以其獨入於海故江河淮濟謂之四瀆今以一淮而受黃河之全蓋合二瀆而為一也自宋以前河自入海尚能為並河州郡之害況今河淮合一而清口又合汴元本作沁誤泗沂三水以同歸於淮也哉實録載天順七年金景耀言黃河不循故道并流入淮是為妄行曩時河水犹有所豬如鉅野梁山等處犹有所分如也

氏赤河之類雖以元人排河入淮而東北之道猶微有存焉者今則以一淮而受衆水之歸而無涓滴之滲漏矣邵國賢作治河論以為禹之治水至於地平天成六府三事允治其功可謂盛矣以今觀之其所空之地甚廣所處之勢甚易所求之效甚小今之治水者其去禹也遠矣而所空之地乃狹於禹所處之勢乃難於禹所求之功乃大於禹禹之導河自太伾以下分播合同隨其所之而疏之不與爭利故水得其性而無衝決之患今夫一杯之水舉而注之地必得方尺乃能容之其勢然也河自大伾以上水之在杯者也大伾以下水之在地者也以在地之水而欲拘束周旋如在杯之時大禹不能而况他人乎今河南山

東郡縣碁布星列官亭民舍相比而居凡禹之所空以與水者今皆為吾有蓋吾無容水之地而非水據吾之地也固宜其有衝決之患也故曰所空之地狹於禹禹之治水隨地施功無所拘礙今北有臨清中有濟寧南有徐州皆轉漕要路而大梁在西南又宗藩所在左顧右盼動則掣肘使水有知尚不能使之必隨吾意況水無情物也其能委蛇曲折以濟吾之事哉故曰所處之勢難於禹況禹之治水去其墊溺之害而已此外無求焉今則賴之以漕不及汴矣又恐壞臨清也不及臨清矣又恐壞濟寧也不及濟寧矣又恐壞徐州也使皆無壞又恐漕渠不足於運也了是數者而後謂之治故曰所求之功大於禹錄二文莊

之言觀之則河水南趨之勢已極而一代之臣不過補苴罅漏以塞目前之責而已安望其爲斯民計百世之長利哉至於今日而决溢之菑無歲不告嗚呼其信非人力之所能治矣

禹貢之言治水也曰播曰豬水之性合則衝騤則溢故别而疏之所以殺其衝也又北播爲九河是也旁而蓄之所以節其溢也大野既豬是也必使之有所容而不爲暴然後鍾美可以豐物流惡可以阜民而百姓之利繇是而興矣今也不然隄之障之偪之束之使之無以容其流而不得不發其怒則其不由地中而橫出於原隰之閒固無怪其然也丘仲深謂以一淮受黄河之全然考之先朝徐有

貞治河猶疏分水之渠於濮范之間不使之并趨一道自弘治六年築黄陵岡以絶其北來之道而河流總於曹單之間乃猶於蘭陽儀封各開一口而洩之於南今復塞之故河之在今日欲北不得欲南不得唯以一道入淮淮狹而不能容又高而不利下則頻歲決於邳宿以下以病民而妨運而邳宿以下左右皆有湖陂河必從而入之吾見刘貢父所云别穿一梁山濼者将在今淮泗之間而生民魚鼈之憂殆未已也

河政之壞也起於並水之民貪水退之利而占佃河旁汙澤之地不才之吏因而籍之於官然後水無所容而横決為害賈讓言古者立國居民疆理土地必遺川澤之分度

水勢所不及大川無防小水得入陂障卑下以為汙澤使秋水多得有所休息左右游波寬緩而不迫故曰善為川者決之使通又曰內黄界中有澤方數十里環之有隄往十餘歲太守以賦民；今起廬舍其中此臣親所見者也

元史河渠志謂黄河退涸之時舊水泊汙池多為勢家所據忽遇泛溢水無所歸遂致為害繇此觀之非河犯人人自犯之予行山東鉅野壽張諸邑古時瀦水之地無尺寸不耕而忘其昔日之為川浸矣近有一壽張令修志乃云梁山濼僅可十里其虚言八百里乃小説之惑人耳此并五代宋金史而未之見也五代史晉開運元年五月丙辰滑州河決浸汴曹濮單鄆五州之境環梁山合於汶水與南旺蜀山湖連彌漫數百里宋史宦者傳梁山濼古鉅野澤綿亘數百里濟鄆數州賴

其蒲魚之利金史食貨志黃河已移故道梁山濼水退地甚廣遣使安置屯田沙湾未築以前徐有貞疏亦言外有八百里梁山濼可以為泄書生之論豈不可笑也哉

陸文裕續停驂録曰河患有二曰決曰溢決之害間見而溢之害頻歲有之使賈魯之三法遂而有成亦小補耳而當歲々為之其勞其費可勝言哉今欲治之非大棄数百里之地不可先作湖陂以豬漫波其次則濵河之處倣江南圩田之法多為溝渠足以容水然後浚其淤沙田之地中而潤下之性必東之勢得矣

按文裕之意即賈讓之上中二策而不敢明言賈讓言今行上策徙冀州之民當水衝者決黎陽遮害亭放河使北入海河西薄大山東薄金隄執不能遠泛濫朞月自定難

者將曰若如此敗壞城郭田廬冢墓以萬數百姓怨恨今瀕河十郡治隄歲費且萬﹔及其大決所殘無數如出數年治河之費以業所徙之民遵古聖之法定山川之位且大漢方制萬里豈其與水爭咫尺之地哉此功一立河定民安千載無患故謂之上策若乃多穿漕渠於冀州地使民得以溉田分殺水怒雖非聖人法然亦救敗術也嗟夫非有武帝之雄才大畧其孰能排衆多之口而創非常之原者哉

平當使領河隄奏按經義治水有決河深川而無隄防壅塞之文宋開寶之詔亦曰朕每閱前書詳究經瀆至若夏后所載但言導河至海隨山濬川未聞力制湍流廣營高

岸今之言治水者計無出於隄塞二事箕子荅武王之訪首言鯀陻洪水汩陳其五行帝乃震怒今日治河之臣皆鯀也非其人之願為鯀乃國家教之使為鯀也是以水不治而彝倫斁也崔瑗河隄謁者箴導非其導堙非其堙八野填淤水爲民居

因河以為漕者禹也壅河以為漕者本朝也故古曰河渠今曰河防

閘之先達言天啟以前無人不利於河決者侵尅金錢則自總河以至於閘官無所不利支領工食則自執事以至於游閘無食之人無所不利所不利者獨業主耳而今年決口明年退灘填淤之中常得倍蓰而溺死者特百之一二而已於是頻年修治頻年衝決以馴致今日之害非一

朝一々之故矣國家之法使然彼斗筲之人焉足責哉不獨此也彼都人士為人說一事置一物未有不索其酬者百官有司受朝廷一職事一差遣未有不計其獲者自府史胥徒上而至於公卿大夫真可謂之同心同德者矣苟非迈普天率土之人心使之先義而後利終不可以致太平故愚以為今日之務正人心急於抑洪水也

酒禁

先王之於酒也礼以先之刑以後之周書酒誥厥或告曰羣飲汝勿佚盡執拘以歸于周予其殺此刑乱國用重典也周官萍氏幾酒謹酒而司虣禁以屬遊飲食于市者若不可禁則搏而戮之此刑平國用中典也一獻之禮賓主

百拜終日飲酒而不得醉焉則未及乎刑而坊之以礼也故成康以下天下無甘酒之失卿士無酣歌之愆至于幽王而天下不湎爾之詩始作其教嚴矣漢興蕭何造律三人以上無故羣飲酒罰金四兩曹參代之自謂遵其約束乃園中聞吏醉歌呼而亦取酒張飲與相應和是并其畫一之法而亡之也坊民以礼酇侯旣闕之於前糾民以刑平陽復失之於後弘羊踵此從而榷酤夫亦開之有其漸乎武帝天漢三年初榷酒酤昭帝始元六年用賢良文學之議罷之而猶令民得以律占租賣酒升四錢遂以為利國之一孔而酒禁之弛實濫觴於此（困學紀聞謂榷酤之害甚於魯之初税畝）然史之所載自孝宣已後有時而禁有時而開至唐代宗廣

德二年十二月詔天下州縣各量定酤酒户隨月納稅除此之外不問官私一切禁斷自此名禁而實許之酤意在榷錢而不在酒矣宋仁宗乾興初言者以天下酒課月比歲增無有藝極非古禁群飲節用之意孝宗淳熙中李燾奏謂設法勸飲以斂民財周輝雜志以爲惟恐其飲不多而課不羨此榷酤之弊也至今代則既不榷緡而亦無禁令民間遂以酒爲日用之需比于饔飧之不可闕若水之流滔滔皆是而厚生正德之論莫有起而持之者矣

邴原之游學未嘗飲酒大禹之疏儀狄也諸葛亮之治蜀路無醉人武王之化妹邦也

舊唐書楊惠元傳充神策京西兵馬使鎮奉天詔移京西

戍兵萬二千人以備關東帝御望春樓賜宴諸將列坐酒至神策將士皆不飲帝使問之惠元時爲都將對曰臣初發奉天本軍帥張巨濟與臣等約曰斯役也將策大勳建大名凱旋之日當共爲歡苟未戎捷無以飲酒故臣等不敢違約而飲既發有司供餽於道路唯惠元一軍缾罍不發上稱嘆久之降璽書慰勞及田悅叛詔惠元領禁兵三千與諸將討伐御河奪三橋皆惠元之功也能以衆整如此即治國何難哉（沈括筆談言太宗朝禁卒買臭肉及酒入營門者有罪）

魏文成帝大安四年釀酤飲者皆斬金海陵正隆五年朝官飲酒者死元世祖至元二十年造酒者本身配役財產女子沒官可謂用重典者矣然立法太過故不久而弛也

水爲地險酒爲人險故易爻之言酒者無非坎卦而萍氏掌國之水禁水與酒同官（黄魯直作黄彛字說云酒善溺人故六彛皆以舟爲足）徐尚書石麒有云傳曰水懦弱民狎而玩之故多死焉酒之禍烈於火而其親人甚於水有以夫世盡殀於酒而不覺也讀是言者可以知保生之道螢雪叢說言頃年陳公大卿生平好飲一日席上與同僚談舉知命者不立乎巖牆之下問之其人曰酒亦巖牆也陳因是有聞遂終身不飲頃者米醪不足而煙酒興焉則眞變而爲火矣

賭博

萬曆之末太平無事士大夫無所用心間有相從賭博者至天啟中始行馬弔之戲而今之朝士若江南山東幾於

無人不為此有如韋昭論所云窮日盡明繼以脂燭人事曠而不修賓旅闕而不接者吁可異也考之漢書安丘侯張拾卬〻其已侯黃遂樊侯蔡辟方並坐博揜完為城旦殖貨傳掘冢博掩犯姦成富王符潛夫論以游博持掩為事師古曰博或作傳六博也揜意錢之屬也後漢書梁冀傳能挽滿彈棊格五六博蹴鞠意錢之戲皆戲而賭取財物宋書王景文傳為右衛將軍坐與奉朝請毛法因蒱戲得錢百二十萬白衣領職劉康祖傳為員外郎十年再坐樗蒲戲免南史王質傳為司徒左長史坐招聚博徒免官金史刑志大定八年制品官犯賭博法贓不滿五十貫者具法杖聽贖再犯者杖之上曰杖者所以罰小人也既為職官當先廉耻既無廉耻故以小人之罰〻之今律犯賭

愽者文官革職為民武官革職隨舍餘食糧差操亦此意也但百人之中未有一人坐罪者上下相容而法不行故也晉陶侃勤於吏職終日斂膝危坐閫外多事千緒萬端罔有遺漏諸參佐或以談戲廢事者命取其酒器蒱愽之具悉投之於江將吏則加鞭朴卒成中興之業為晉名臣唐宋璟為殿中侍御史同列有愽于臺中者將責名品而黜之愽者惶恐自匿後為開元賢相而史言文宗切於求理每至刺史面辭必殷勤戒勑曰無嗜愽無飲酒內外聞之莫不悚息然則勤吏事而糾風愆乃救時之首務矣唐書言楊國忠以善摴蒱得入供奉常後出專主蒱簿計算鉤畫分銖不悞帝悅曰度支郎才也卒用之而敗玄宗

末年荒佚遂以小人乘君子之器此亦國家之妖孽也今之士夫大不慕姚崇宋璟而學楊國忠亦終必亡而已矣

山堂考索宋大中祥符五年三月丁酉上封者言進士蕭玄之本名流嘗因賭博抵杖刑今易名赴舉登第詔有司召玄之詰問引伏奪其勅贖銅四十斤遣之宋制之嚴如此今之進士有以不工賭博為恥者矣

晉中興書載陶士行言樗蒲老子入胡所作外國戲耳近日士大夫多為之安得不胥天下而為外國乎

遼史穆宗應曆十九年正月甲午與羣臣為葉格戲解曰宋錢僖公家有葉子揭格之戲按應曆十九年為宋太祖開寶二年是契丹先有此戲不知其所自來而其年二月己巳即為小哥等所弒君臣為謔

其禍乃不旋踵此不祥之物而今士大夫終日執之其能免於效尤之咎乎

宋史太宗紀淳化二年閏月己丑詔犯蒱博者斬元史世祖紀至元十二年禁民間賭博犯者流之北地刑亂國用重典固當如此

今日致太平之道何繇曰君子勤禮小人盡力

京債

赴銓守候京債之累於今為甚舊唐書武宗紀會昌二年二月丙寅中書奏赴選官多京債到任填還致其貪求罔不由此今年三銓於前件州府河東鳳翔鄜坊邠寧等道得官者許連狀相保戶部各備兩月加給料錢至支時折下所冀初官

到任不帶息債衣食稍足可責清廉從之蓋唐時有東選南選具在京銓授者止關內河東兩道採訪使所屬之官不出一千餘里之內而猶念其舉債之累先於戶部給與兩月料錢非惟恤下之仁亦有勸廉之法與今之職官到任先辦京債剝下未足而或借庫銀以償之者得失之數較然可知已

若夫聖主之所行有超出於前代者太祖實録吳元年七月丙子除郡縣官二百三十四人賜知府知州知縣文綺四絹六羅二夏布六疋如之母妻及長子各半府州縣佐貳官視長官半之疋如之母妻及長子又半之各府經歷知事同佐貳官州縣吏目典史視佐貳官又半之疋母妻

子皆如之洪武元年二月詔中書省自今新除府州縣官給賜白金一十兩布六匹其道里費知府賜白金五十兩知州三十五兩知縣三十兩同知視知府五之三治中半之通判推官五之二州同知視府通判經歷及州判官視府同知半之縣丞主簿視知縣又半之知事吏目典史皆十兩著為令上曰今新授官多出布衣到任之初或假貸於人則他日不免侵漁百姓不有以養其廉而責之奉公難矣洪武十年正月甲辰上謂中書省臣曰官員聽選之任京者宜早與銓注即令赴任閑久住客邸者日有所費甚至空乏假貸於人昔元之弊政此亦一端其常選官淹滯在京者資用既乏流為醫卜使賢者喪其所守實朝廷所以待之者非其道也自今銓選之

後以品為差皆與道里費仍令有司給舟車送之著為令十七年七月癸丑北平税課司大使熊斯銘言仕者得祿養親此人子之所願也然有道遠而不得養其父母者乞令有司給以舟車俾得迎養以盡人子之情廷議以雲南兩廣、四川福建官員家屬赴任者官為給舟車已有定例自今凡一千五百里以外者宜依例給之制可二十二年八月命故官妻子還鄉者亦給舟車豈非愛民之仁先於恤吏者乎

居官負債

居官負債雖非君子之行似乎不干國法乃考之於古有以不償債而免列侯者漢書孝文三年河陽侯陳信坐不償人責過六月免免侯爵是也有以不償債而貶官者舊唐

書李晟子惎累官至右龍武大將軍沈湎酒色恣為豪侈積債至數千萬其子貸回鶻錢一萬餘貫不償為回鶻所訴文宗怒貶惎為定州司法參軍是也然此猶前代之事使在今日則回鶻當更貸之以錢而為之營其善缺矣

元史太宗十二年以官民貸回鶻金償官者歲加倍名羊羔息其害為甚詔以官物代還凡七萬六千錠仍命凡假貸歲久惟子本相侔而止著為令

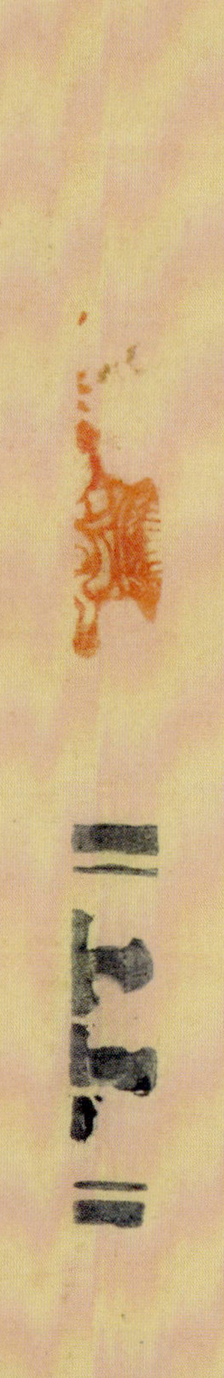

日知録卷之十七

周末風俗

春秋終於敬王三十九年庚申之歲西狩獲麟又十四年為貞定王元年癸酉之歲魯哀公出奔二年卒于有山氏左傳以是終焉又六十五年威烈王二十三年戊寅之歲初命晋大夫魏斯趙籍韓虔為諸侯又一十七年安王十六年乙未之歲初命齊大夫田和為諸侯又五十二年顯王三十五年丁亥之歲六國以次稱王蘇秦為從長自此之後事乃可得而紀自左傳之終以至此凡一百三十三年史文闕軼考古者為之茫昧如春秋時猶尊禮重信而七國則絶不言禮與信矣春秋時猶宗周王而七國則絶

不言王矣史記秦本紀孝公使公子少官率師會諸侯于逢澤以朝王蓋顯王時春秋時猶嚴祭祀重聘享而七國則無其事矣春秋時猶論宗姓氏族而七國則無一言及之矣春秋時猶宴會賦詩而七國則不聞矣春秋時猶有赴告策書而七國則無有矣邦無定交士無定主此皆變於一百三十三年之間史之闕文而後人可以意推者也不待始皇之并天下而文武之道盡矣李康運命論云文薄之弊漸於靈景辯詐之偽成於七國馴至西漢此風未改故劉向謂其承千歲之衰周繼暴秦之餘弊貪饕險詖不閑義理觀夫史之所録無非功名勢利之人筆札喉舌之輩而如董生之言正誼明道者不一二見也蓋自春秋之後至東京而其風俗稍復乎古吾是以知光武明章果有變

齊至魯之功而惜其未純乎道也自斯以降則宋慶曆元祐之間為優矣嗟乎論世而不考其風俗無以明人主之功余之所以斥周末而進東京亦春秋之意也

秦紀會稽山刻石

秦始皇刻石凡六皆鋪張其滅六王并天下之事其言黔首風俗在泰山則云男女禮順慎遵職事昭隔內外靡不清淨在碣石門則云男樂其疇女修其業如此而已惟會稽一刻其辭曰飾省宣義有子而嫁倍死不貞防隔內外禁止淫泆男女絜誠夫為寄豭正義曰豭牡豬也左氏定公十四年傳既定爾婁豬盍歸我艾豭寄豭者謂淫於他室殺之無罪男秉義程妻為逃嫁子不得母御氏曰母云者母之也咸化廉清何其繁而不殺也考之國語自

越王句踐棲于會稽之後惟恐國人之不蕃故令壯者無取老婦老者無取壯妻女子十七不嫁其父母有罪丈夫二十不取其父母有罪生丈夫二壺酒一犬生女子二壺酒一豚生三人公與之母生二人公與之餼內傳子胥之言亦曰越十年生聚吳越春秋至謂句踐以寡婦淫泆過犯皆輸山上士有憂思者令游山上以喜其意當其時蓋欲民之多而不復禁其淫泆傳至六國之末而其風猶在故始皇為之厲禁而特著於刻石之文以此與滅六王并天下之事並提而論且不著之於燕齊而獨著之於越然則秦之任刑雖過而其坊民正俗之意固未始異於三王也漢興以來承用秦法以至今日者多矣世之儒者言及

無以人廢言

於秦即以為亡國之法亦未之深考乎

兩漢風俗

漢自孝武表章六經之後師儒雖盛而大義未明故新莽居攝頌德獻符者徧於天下光武有鑒於此故尊崇節義敦厲名實所舉用者莫非經明行修之人而風俗為之一變至其末造朝政昏濁國事日非而黨錮之流獨行之輩依仁蹈義舍命不渝風雨如晦雞鳴不已三代以下風俗之美無尚於東京者故范曄之論以為桓靈之閒君道秕僻朝綱日陵國隙屢啟自中智以下靡不審其崩離而權彊之臣息其闚盜之謀豪俊之夫屈於鄙生之議儒林傳論所以傾而未頹決而未潰皆仁人君子心力之為左雄傳論可謂

知言者矣。使後代之主，循而弗革，即流風至今，亦何不可？而孟德既有冀州，崇奬跅弛之士，觀其下令再三，至於求負汙辱之名，見笑之行，不仁不孝而有治國用兵之術者。建安二十二年八月令。十五年春令、十九年十二月令意皆同。於是權詐迭進，姦逆萌生。故董昭太和之疏，已謂當今年少不復以學問爲本，專更以交游爲業，國士不以孝悌清修爲首，乃以趨勢求利爲先。至正始之際，而一二浮誕之徒騁其智識，蔑周孔之書，習老莊之教，風俗又爲之一變。夫以經術之治，節義之防，光武、明、章數世爲之而未足；毁方敗常之俗，孟德一人變之而有餘。後之人君將樹之風聲，納之軌物，以善俗而作人，不可不察乎此矣。

光武躬行勤約以化臣下講論經義常至夜分一時功臣如鄧禹有子十三人各使守一藝閨門修整可爲世法貴戚如樊重三世共財子孫朝夕禮敬常若公家以故東漢之世雖人才之倜儻不及西京而士風家法似有過於前代

東京之末節義衰而文章盛自蔡邕始其仕董卓無卓死驚歎無識觀其集中濫作碑頌則平日之爲人可知矣宋袁淑弟古文伯喈文而求入以其文采富而交游多故後人爲立佳傳嗟乎士君子處衰季之朝常以負一世之名而轉移天下之風氣者視伯喈之爲人其戒之乱

正始

魏明帝殂少帝（史稱齊王）即位改元正始凡九年其十年則太傅司馬懿殺大將軍曹爽而魏之大權移矣三國鼎立至此垂三十年一時名士風流盛於雒下乃其棄經典而尚老莊蔑禮法而崇放達視其主之顛危若路人然即此諸賢為之倡也自此以後競相祖述如晉書言王敦見衛玠謂長史謝鯤曰不意永嘉之末復聞正始之音沙門支遁以清談著名於時莫不崇敬以為造微之功足參諸正始宋書言羊玄保二子太祖賜名曰咸曰粲謂玄保曰欲令卿二子有林下正始餘風王微與何偃書曰卿少陶玄風淹雅修暢自是正始中人南齊書言袁粲言於帝曰臣觀張緒有正始遺風南史言何尚之謂王球正始之風尚在

其為後人企慕如此歟。而晉書儒林傳序云：擯闕里之典經，習正始之餘論，指理法為流俗，目縱誕以清高，此則虛名雖被於時流，篤論未忘乎學者。是以講明六藝，鄭玄、王肅為集漢之終；演說老莊，王弼、何晏為開晉之始。干寶晉紀論曰：風俗淫僻，耻尚失所，學者以莊老為宗而黜六經，談者以虛薄為辯而賤名簡，行身者以放濁為通而狹節信，進仕者以苟得為貴而鄙居正，當官者以望空為高而笑勤恪。以至國亡於上，教淪於下，胡戎互僭，君臣屢易，非林下諸賢之咎而誰咎哉！

有亡國，有亡天下，亡國與亡天下奚辨？曰：易姓改號，謂之亡國；仁義充塞，而至於率獸食人，人將相食，謂之亡天下。魏晉人之清談，何以亡天下？是孟子所謂楊墨之言，至於使天下無父無君而入於禽獸者也。昔者嵇紹之父康被殺於晉文王至武帝革命之時而山濤薦之入仕紹時屏居私門欲辭不就濤謂之曰為君思之久矣天地四時猶有消息而況於人乎一時傳誦以為名言而不知其敗義傷教至於率天下而無父者也夫紹之於晉非其君也忘其父而事其非君當其未死三十餘年之間為無父之人亦已久矣而蕩陰之死何足以贖其罪乎且其入仕之初豈知必有乘輿敗績之事而可樹其忠名以蓋於晚也自正始以來而大義之不明徧於天下如山濤者既為邪說之魁遂使嵇紹之賢且犯天下之不韙而不顧夫邪正之說不容兩立使謂紹為忠則必謂王裒為不忠而後可也何怪其相率臣於劉聰石勒觀其故主青衣行酒而不以

動其心者乎是故知保天下然後知保其國保國者其君其臣肉食者謀之保天下者匹夫之賤與有責焉耳矣

宋世風俗

宋史言士大夫忠義之氣至於五季變化殆盡宋之初興范質王溥猶有餘憾藝祖首褒韓通次表衛融以示意嚮真仁之世田錫王禹偁范仲淹歐陽修唐介諸賢以直言讜論倡於朝於是中外搢紳知以名節為高廉恥相尚盡去五季之陋故靖康之變志士投袂起而勤王臨難不屈所在有之及宋之亡忠節相望嗚呼觀哀平之可以變而為東京五代之可以變而為宋則知天下無不可變之風俗也剝上九之言碩果也陽窮於上則復生於下矣

人君御物之方莫大乎抑浮止競宋自仁宗在位四十餘年雖所用或非其人而風俗醇厚好尚端方論世之士謂之君子道長及神宗朝荊公秉政驟獎趨媚之徒深鋤異己之輩鄧綰李定舒亶蹇序辰王子韶諸奸一時擢用而士大夫有十鑽之目（鑽者取必入之義班固荅賓戲商鞅挾三術以鑽孝公鄧綰傳以順王安石得官謂其鄉人曰笑罵從汝好官須我為之）干進之流乘機抵隙馴至紹聖崇寧而黨禍大起國事日非膏肓之疾遂不可治後之人但言其農田水利青苗保甲諸法為百姓害而不知其移人心變士習為朝廷之害其害於百姓者可以一旦而更而其害於朝廷者歷數十百年滔滔之勢一往而不可反矣李應中謂自王安石用事陷溺人心至今不自知覺人

趨利而不知義則主勢日孤此可謂知言者也詩曰毋教猱升木如塗塗附夫使慶曆之士風一變而為崇寧者豈非荊公教猱之效乱

蘇軾傳熙寧初安石創行新法軾上書言國家之所以存亡者在道德之淺深不在乎強與弱曆數之所以長短者在風俗之厚薄不在乎富與貧臣願陛下務崇道德而厚風俗不願陛下急於有功而貪富強仁祖持法至寬用人有叙事務掩覆過失未嘗輕改舊章考其成功則曰未至以言乎用兵則十出而九敗以言乎府庫則僅足而無餘徒以德澤在人風俗知義故升遐之日天下歸仁議者見其末年吏多因循事不振舉乃欲矯之以苛察齊之以智

能招來新進勇鋭之人以圖一切速成之效未享其利澆風已成多開驟進之門使有意外之得公卿侍從跬步可圖俾常調之人舉生非望欲望風俗之厚豈可得哉近歲樸拙之人愈少巧進之士益多惟陛下哀之救之當時論新法者多矣未有若此之深切者根本之言人主所宜獨觀而三復也

東軒筆録王荆公秉政更新天下之務而宿望舊人議論不叶荆公遂選用新進待以不次故一時政事不日皆舉而兩禁臺閣内外要權莫非新進之士也石林燕語故事在京職事官絶少用選人者熙寧初稍欲革去資格之弊始詔選舉到可試用人並令崇文院校書以備詢訪差使候二年取旨或除館職或升資任或只與合人差遣時刑尚書恕以河南府永安縣主簿首爲崇文院校書胡右丞愈知諫院猶以

為太遠因請雖選人而未歷外官與雖歷任而不滿者皆不得選舉乃特詔刑恕與堂除近地試銜知縣近歲不復用此例自始登第直為禁從矣及出知江寧府呂惠卿驟得政柄有射羿之意而一時之士見其得君謂可以傾奪荊公遂更朋附之以興大獄尋荊公再召鄧綰反攻惠卿惠卿自知不安乃條列荊公兄弟之失數事面奏上封惠卿所言以示荊公故荊公表有云忠不足以取信故事事欲其自明義不足以勝姦故人人與之立敵蓋謂是也既而惠卿出知亳州荊公復相承黨人之後平日肘腋盡去而在者已不可信可信者又才不足以任事當日唯與其子雱機謀而雱又死知道之難行也於是概然復求罷去遂以使相再鎮金陵未朞納節久之得會靈觀使其發明荊公情事至為切

當子曰君子易事而難說也而大戴禮言有人焉容色辭氣其入人甚愉進退周旋其與人甚巧其就人甚速其叛人甚易跡荆公昔日之所信用者不惟變士習蠹民生而已亦不饗其利蘇轍疏曰惠卿比之呂布劉牢之書曰其後嗣王罔克有終相亦罔終為大臣者可不以人心風俗為重哉

東軒筆録又曰王荆公在中書作新經義以授學者故太學諸生幾及三千人又令判監直講程第諸生之業處以上中下三舍而人間傳以為試中上舍者朝廷將以不次升擢於是輕薄書生矯飾言行坐作虛譽奔走公卿之門者若市矣

蘇子瞻易傳兑卦解曰六三上六皆兑之小人以說為事

者均也六三履非其位而處於二陽之間以求說為兑者故曰來兑言初與二不招而自來也其心易知其為害淺故二陽皆吉而六三凶上六超然於外不累於物此小人之託於无求以為兑者也故曰引兑言九五引之而後至也其心難知其為害深故九五孚于剝雖然其心蓋不知而賢之非說其小人之實也使知其實則去之矣故有厲而不凶然則上六之所以不光何也曰難進者君子之事也使上六引而不兑則其道光矣此論蓋為神宗用王安石而發孟子曰好名之人能讓千乘之國苟非其人簞食豆羹見於色荆公當日處卑官力辭其所不必辭既顯宜辭而不復辭矯情干譽之私固有識之者矣夫子之論觀

人也曰察其所安又曰色取仁而行違居之不疑在邦必聞在家必聞是則欺世盜名之徒古今一也人君可不察哉

陸游歲暮感懷詩在昔祖宗時風俗極粹美人材兼南北議論忘彼此誰令各植黨更仆而迭起中更夷狄禍此風猶未已黨禁太平基請自厚俗始

清議

古之哲王所以正百辟者既已制官刑儆于有位矣而又為之立閭師設鄉校存清議於州里以佐刑罰之窮移之郊遂載在禮經殊厥井疆稱於畢命兩漢以來猶循此制鄉舉里選必先考其生平一玷清議終身不齒君子有懷

刑之懼小人存恥格之風教成於下而上不嚴論定於鄉而民不犯降及魏晉而九品中正之設雖多失實遺意未亡凡被糾彈付清議者即廢棄終身同之禁錮（晉書卞壼傳）至宋武帝篡位乃詔有犯鄉論清議贓汙淫盜一皆蕩滌洗除與之更始自後凡遇非常之恩赦文並有此語（齊梁陳詔並云洗除）（先注當日鄉論清議必有記注之目）小雅廢而中國微風俗衰而叛亂作矣然鄉論之汙至煩詔書為之洗刷豈非三代之直道尚在於斯民而畏人之多言猶見於變風之日乎予聞在下有鰥所以登庸以比三凶不才所以投畀雖二帝之舉錯亦未嘗不詢于芻蕘然則崇月旦以佐秋官進鄉評以扶國是儻亦四聰之所先而王治之不可闕也

陳壽居父喪有疾使婢丸藥客往見之鄉黨以爲貶議坐
是沈滯者累年阮簡父終行遇大雪寒凍遂詣浚儀令令
爲他賓設黍臛簡食之以致清議廢頓幾三十年溫嶠爲
劉司空使勸進母崔氏固留之嶠絕裾而去迄於崇貴鄉
品猶不過也每爵皆發詔謝惠連先愛會稽郡吏杜德靈
及居父憂贈以五言詩十餘首文行於世坐廢不豫榮伍
張率以父憂去職其父侍妓數十人善謳者有色貌邑子
儀曹郎顧玩之求聘焉謳者不願遂出家爲尼嘗因齋會
率宅玩之乃飛書言與率姦南司以事奏聞高祖惜其才
寢其奏然猶致世論服闋後久之不仕官職之升沈本於
鄉評之與奪其猶近古之風乎

天下風俗最壞之地清議尚存猶足以維持一二至於清議亡而干戈至矣

洪武十五年八月乙酉禮部議凡十惡姦盜詐僞干名犯義有傷風俗及犯贓至徒者書其名於申明亭以示懲戒有私毀亭舍塗抹姓名者監察御史按察司官以時按視罪如律制可十八年四月辛丑命刑部録内外諸司官之犯法罪狀明著者書之申明亭此前代鄉議之遺意也後之人視爲文具風紀之官但以刑名爲事而於弼教新民之意若不相關無惑乎江河之日下也

名教

司馬遷作史記貨殖傳謂自廊廟朝廷巖穴之士無不歸

於冨厚等而下之至於吏士舞文弄法刻章僞書不避刀鋸之誅者沒於賂遺而仲長敖覆性賦謂倮蟲三百人最為劣爪牙皮毛不足自衛唯賴詐僞迭相嚼齧等而下之至於臺隸僮豎唯盗唯竊乃以今觀之則無官不賂遺而人人皆吏士之為矣無守不盗竊而人人皆僮豎之為矣自其束髮讀書之時所以勸之者不過所謂千鍾粟黄金屋而一旦服官即求其所大欲君臣上下懷利以相接遂成風流不可復制後之為治者宜何術之操曰唯名可以勝之名之所在上之所庸而忠信廉潔者顯榮於世名之所去上之所擯而怙侈貪得者廢錮於家即不無一二矯僞之徒猶愈於肆然而為利者南史有云漢世士務修身

三代以上惟恐好名
三代以下惟恐不好名
孟子不好名在所
可去矣

故忠孝成俗，至於乘軒服冕，非此莫繇。晉宋以來，風衰義缺，故昔人之言曰名教，曰名節，曰功名。不能使天下之人以義為利，而猶使之以名為利，雖非純王之風，亦可以救積洿之俗矣。

舊唐書：薛謙光為左補闕，上疏言：臣竊窺古之取士，實異於今。先觀名行之源，考其鄉邑之譽，崇禮讓以厲己，顯節義以標信，以敦朴為先最，以雕蟲為後科。故人崇勸讓之風，士去輕浮之行，希仕者必修貞確不拔之操，行難進易退之規。衆議已定其高下，郡將難誣其曲直。故計貢之賢愚，即州將之榮辱；假有穢行之彰露，亦鄉人之厚顏。是以李陵降而隴西慚，干木隱而西河美。故名勝於利，則小人之道消，利勝於名，則貪暴之風扇。自七國之季，雖襍縱橫，而漢代求才，猶徵百行。是以禮節之士，敏德自修，閭里推高，然後為府寺所辟。今之舉人，有乖事實，鄉議決小人之筆，行修無長者之論，策第喧競於州府，祈恩不勝於拜伏。或明制（避武后嫌名，改詔為制）纔出，試遣搜驗，驅馳府寺之門，出入王公之第，上啟陳詩，唯希欬唾之澤，摩頂至足，冀荷提攜之恩。故俗號舉人皆稱覔舉，覔者自求之稱也。夫徇己之心切，則至公之理乖；貪仕之性彰，則廉潔之風薄。是知府命雖高，異叔度勤勤之讓；黃門已貴，無秦嘉耿耿之辭。縱不能挹己推賢，亦不肯待於三命。故選司補置，喧然於禮闈；州貢賓主，爭訟於階闥。謗議紛合，漸以成風。夫競榮者必有爭利之心謙遜者亦無貪昧之累自非上智焉能不移在於中人理繇習俗若重謹厚之士則懷祿者必崇德以修名若開趨競之門則儌倖者皆戚施而附會附會則百姓羅其弊修名則兆庶蒙其福風化之漸靡不繇茲嗟乎此言可謂切中今時之弊矣

漢人以名為治故人材盛今人以法為治故人材衰

宋范文正上晏元獻書曰夫名教不崇則為人君者謂堯舜不足法桀紂不足畏為人臣者謂八元不足尚四凶不足恥天下豈復有善人乎人不愛名則聖人之權去矣

今日所以變化人心滌蕩汙俗者莫急於勸學獎廉二事天下之士有能篤信好學至老不倦卓然可當方正有道

之舉者官之以翰林國子之秩而聽其出處則人皆知向學而不競於科目矣庶司之官有能潔已愛民以禮告老而家無儋石之儲者賜之以五頃十頃之地以為子孫世業而除其租賦復其丁徭則人皆知自守而不貪於貨賂矣豈待菑川再遣方收牧豕之儒（公孫弘）優孟陳言始録負薪之胤（孫叔敖）而扶風之子特賜黃金（尹翁歸）涿郡之賢常頒羊酒（韓福）遂使名高處士德表具僚當時懷稽古之榮沒世仰遺清之澤不愈於科名爵祿勸人使之干進而饕利者哉以名為治必自此塗始矣

漢平帝元始中詔曰漢興以來股肱在位身行儉約輕財重義未有若公孫弘者也位在宰相封侯而為布被脫粟

之飯奉禄以給故人賓客無有所餘可謂減於制度應劭曰禮貴有常尊衣服有品而率下篤俗者也與內富厚而外為詭服以釣虛譽者殊科其賜弘後子孫之次見為適者爵關內侯食邑三百户

後魏宣武帝延昌四年詔曰故處士李謐屢辭徵辟志守沖素儒隱之操深可嘉美可遠傍惠康近準玄晏謚曰貞靜處士並表其門閭以旌高節唐六典有養德丘園聲實明著雖無官爵亦賜謚曰先生存者賜之以先生之號沒者則加之以謚如楊播隱居不仕至德中賜號玄靖先生是也宋史同以余所見崇禎中嘗用巡按御史祁彪佳言贈舉人歸子慕朱陛宣為翰林院待詔

唐書牛僧孺隋僕射奇章公弘之裔幼孤下杜樊鄉有賜

田數頃依以爲生則知隋之賜田至唐二百年而猶其子孫守之若金帛之頒廩禄之惠則早已化爲塵土矣國朝正統中以武進田賜禮部尚書胡濙其子孫亦至今守之故竊以爲奬廉之典莫善於此

廉耻

五代史馮道傳論曰禮義廉耻國之四維四維不張國乃滅亡善乎管生之能言也禮義治人之大法廉耻立人之大節蓋不廉則無所不取不耻則無所不爲人而如此則禍敗亂亡亦無所不至况爲大臣而無所不取無所不爲則天下其有不亂國家其有不亡者乎然而四者之中耻尤爲要故夫子之論士曰行己有耻孟子曰人不可以無

恥無恥之恥無恥矣又曰恥之於人大矣為機變之巧者無所用恥焉所以然者人之不廉而至於悖禮犯義其原皆生於無恥也故士大夫之無恥是謂國恥吾觀三代以下世衰道微棄禮義捐廉恥非一朝一夕之故然而松柏後彫於歲寒雞鳴不已於風雨彼昏之日固未嘗無獨醒之人也頃讀顏氏家訓有云齊朝一士夫嘗謂吾曰我有一兒年已十七頗曉書疏教其鮮卑語及彈琵琶稍欲通解以此伏事公卿無不寵愛吾時俯而不答異哉此人之教子也若由此業自致卿相亦不願汝曹為之嗟乎之推不得已而仕於亂世猶為此言尚有小宛詩人之意彼閹然媚於世者能無媿哉

羅仲素曰教化者朝廷之先務廉耻者士人之美節風俗者天下之大事朝廷有教化則士人有廉耻士人有廉耻則天下有風俗

古人治軍之道未有不本於廉耻者吳子曰凡制國治軍必教之以禮勵之以義使有耻也夫人有耻在大足以戰在小足以守矣尉繚子言國必有孝慈廉耻之俗則可以死易生而太公對武王將有三勝一曰禮將二曰力將三曰止欲將故禮者所以班朝治軍而兔罝之武夫皆本於文王后妃之化豈有淫芻蕘竊牛馬而為暴於百姓者哉

漢書張奐為安定屬國都尉羌豪帥感奐恩德上馬二十匹先零酋長又遺金鐻八枚奐並受之而召主簿於諸

羌前以酒酹地曰使馬如羊不以入廐使金如粟不以入懷悉以金馬還之羌性貪而貴吏清前有八都尉率好財貨為所患苦及奂正身潔已威化大行嗚呼自古以來邊事之敗有不始於貪求者乎吾於遼東之事有感

杜子美詩安得廉頗將三軍同晏眠一本作廉耻將詩人之意未必如此然吾觀唐書言王似為武靈節度使先是吐蕃欲成烏蘭橋每於河壖先貯材木皆為節帥遣人潛載之委於河流終莫能成蕃人知似貪而無謀先厚遺之然後併役成橋仍築月城守之自是朔方禦寇不暇至今為患繇似之黷貨也故貪夫為帥而邊城晚開得此意者郢書燕說或可以治國乎見韓非子

流品

晋宋以來尤重流品故雖叢爾一方而猶能立國宋書蔡興宗傳興宗為征西将軍開府儀同三司荆州刺史常侍如故被徵還都時右軍将軍王道隆任參國政權重一時躡履到興宗前不敢就席良久方去竟不呼坐元嘉初中書舍人狄當詣太子詹事王曇首不敢坐其後中書舍人王弘為太祖所受遇上謂曰卿欲作士人得就王球坐乃當判耳殷劉（殷景仁 劉湛）並集無所益也若往詣球可稱旨就席及至球舉扇曰若不得爾弘還依事啓聞帝曰我便無如此何五十年中有此三事張敷傳遷江夏王義恭撫軍記室參軍時義恭就文帝求一學義沙門會敷赴假還江

陵入辭文帝令以後編載沙門敷不奉詔曰臣性不耐襟
還正員郎中書舍人狄當周赳並管要務以數同省名家
欲詣之赳曰彼若不相容便不如不往當曰吾等並已員
外郎矣何憂不得共坐敷先設二牀去壁三四尺二客就
席訓接甚歡既而呼左右曰移我牀遠客赳等失色而去
世說紀僧真得幸於齊世祖嘗請曰臣出自本縣武吏遭
逢聖時階榮至此無所須唯就陛下乞作士大夫上曰此
繇江斆謝瀹我不得措意可自詣之僧真承旨詣斆登榻
坐定斆顧命左右曰移吾牀遠客僧真喪氣而退以告世
祖世祖曰士大夫故非天子所命梁書羊侃傳有宦者張
僧胤候侃侃竟不前之曰我牀非閹人所坐自萬曆季年

搢紳之士不知以禮飭躬而聲氣及於宵人如汪文言一人為東林諸公大玷詩字頌於輿皁至於公卿上壽宰執稱兒而神州陸沈中原左袵夫有以致之矣

重厚

世道下衰人材不振王伾之吳語鄭衛之歌後薛昭緯之浣溪紗李邦彥之俚語辭曲莫不登諸巖廊用為輔弼至使在下之人慕其風流以為通脫而棟折榱崩天下將無所託矣及乎板蕩之後而念老成大雅蕩播遷之餘而思耆俊文侯之命庸有及乎有國者登崇重厚之臣抑退輕浮之士此移風易俗之大要也

侯景數梁武帝十失謂皇太子吐言止於輕薄賦詠不出

桑中張説論閻朝隱之文如麗服靚粧燕歌趙舞觀者忘疲若類之風雅則罪人矣今之詞人率同此病淫辭豔曲傳布國門有如北齊陽俊之所作六言歌辭名為陽五伴侶寫而賣之在市不絕者誘惑後生傷敗風化宜與非聖之書同類而焚庶可以正人心術

何晏之粉白不去手行步顧影鄭颺之行步弛縱坐立傾倚謝靈運之每出入自扶接者常數人後皆誅死而魏文帝體貌不重風尚通脫是以享國不永後祚短促史皆附之五行志以為貌之不恭昔子貢於禮容俯仰之閒而知兩君之疾與亂夫有所受之矣子曰君子不重則不威學則不固楊子法言曰言輕則招憂行輕則招辜貌輕則招

辱好輕則招淫

四明薛岡謂士大夫子弟不宜使讀世說未得其雋永先習其簡傲推是言之可謂善教矣防其乃逸乃諺之萌而引之有物有恒之域此以正養蒙之道也南齊陳顯達語其諸子曰麈尾蠅拂是王謝家物汝不須捉此即取於前燒除之

耿介

讀屈子離騷之篇乃知堯舜所以行出乎人者以其耿介同乎流俗合乎汙世則不可與入堯舜之道矣

非禮勿視非禮勿聽非禮勿言非禮勿動是則謂之耿介反是謂之昌披夫道若大路然堯舜之分必在乎此

鄉原

老氏之學所以異乎孔子者和其光同其塵此所謂似是而非也卜居漁父二篇盡之矣非不知其言之可從也而義有所不當為也子雲而知此義也反離騷其可不作矣尋其大指生斯世也為斯世也善斯可矣此其所以為莽大夫與

卜居漁父法語之言也離騷九歌放言也

儉約

國奢示之以儉君子之行宰相之事也漢汝南許劭為郡功曹同郡袁紹公族豪俠去濮陽令歸車徒甚盛入郡界乃謝曰吾輿服豈可使許子將見之遂以單車歸家晉蔡

尤好學有雅尚體貌尊嚴爲人所憚高平劉整車服奢麗嘗語人曰紗縠吾常服耳遇蔡子尼在坐而竟日不自安北齊李德林父亡時正嚴冬單衰徒跣自駕靈輿反葬博陵崔諶休假還鄉將赴弔從者數十騎稍稍減留比至德林門纔餘五騎云不得令李生怪人熏灼李僧伽修整篤業不應辟命尚書袁叔德來候僧伽先減僕從然後入門曰見此賢令吾羞對軒冕夫惟君子之能以身率物者如此是以居官而化一邦在朝廷而化天下魏武帝時毛玠爲東曹掾典選舉以儉率人天下之士莫不以廉節自勵雖貴寵之臣輿服不敢過度唐大曆末元載伏誅拜楊綰爲相綰質性貞廉車服儉樸居廟堂未數日人心自化御

史中丞崔寬劍南西川節度使寧之弟家富於財有別墅
在皇城之南池館臺榭當時第一寬即日潛遣毀撤中書
令郭子儀在邠州行營聞綰拜相坐中音樂減散五分之
四京兆尹黎幹每出入騶從百餘亦即日減損唯留十騎
而已李師古跋扈憚杜黃裳為相命一幹吏寄錢數千緡
氈車子一乘使者到門未敢送伺候累日有綠輿自宅出
從婢二人青衣襤褸言是相公夫人使者遽歸告師古師
古折其謀終身不敢改節此則禁鄭人之泰侈奚必於三
年變雒邑之矜誇無煩乎三紀修之身行之家示之鄉黨
而已道豈遠乎哉

大臣

記曰大臣法小臣廉官職相序君臣相正國之肥也故欲正君而序百官必自大臣始然而王陽黄金之論時人既怪其奢公孫布被之名直士復譏其詐則所以考其生平而定其實行者惟觀之於終斯得之矣季文子卒大夫入斂公在位宰庀家器為備葬無衣帛之妾無食粟之馬無藏金玉無重器備君子是以知季文子之忠於公室也相三君矣而無私積可不謂忠乎諸葛亮自表後主曰成都有桑八百株薄田十五頃子孫衣食悉仰於家不别治生以長尺寸若臣死之日不使内有餘帛外有贏財以負陛下及卒如其所言夫廉不過人臣之一節而左氏稱之為忠孔明以為無負者誠以人臣之欺君誤國必自其貪於

貨賂也夫居尊席腴潤屋華躬亦人之常分爾豈知高后降之弗祥民人生其怨詛其究也乃與國而同敗和誠知夫大臣家事之豐約關於政化之隆汚則可以審擇相之方而亦得富民之道矣

杜黄裳元和之名相而以富厚蒙譏盧懷慎開元之庸臣而以清貧見奬是故貧則觀其所不取此卜相之要言

除貪

漢時贓罪被劾或死獄中或道自殺唐時贓吏多於朝堂決殺其特宥者乃長流嶺南睿宗太極元年四月制官典主司枉法贓一匹已上並先決一百而改元及南郊赦文每曰大辟罪已下已發覺未發覺已結正未結正繫囚見

徒罪無輕重咸赦除之官典犯贓不在此限然猶有左降遐方謫官蠻徼者而盧懷慎重以爲言謂屈法惠姦非正本塞源之術是知亂政同位商后作其丕刑貪以敗官夏書訓之必殺三代之王罔不繇此道者矣

宋初郡縣吏承五季之習黷貨厲民故尤嚴貪墨之罪開寶三年董元吉守英州受贓七十餘萬帝以嶺表初平欲懲掊克之吏特詔棄市而南郊大赦十惡故刼殺及官吏受贓者不原史言宋法有可以得循吏者三而不赦犯贓其一也天聖以後士大夫皆知飾簠簋而厲廉隅蓋上有以勸之矣石林燕語熙寧中蘇子容判審刑院知金州張仲宣坐枉法贓論當死故事命官以贓論死皆貸命杖脊黥配海島子容言古者刑不上大夫可殺則殺仲宣五品官今杖而黥之得無辱多士乎乃詔免杖黥止

流嶺外自是遂為例然懲貪之法亦漸以寬矣于文定慎行謂本朝姑息之政甚於宋世敗軍之將可以不死贓吏巨萬僅得罷官而小小刑名反有凝脂之密是輕重胥失之矣蓋自永樂時贓吏謫令戍邊宣德中改為運甎納米贖罪浸至於寬而不復究前朝之法也宣德中都御史劉觀坐受贓數千金論斬上曰刑不上大夫觀雖不善朕終不忍加刑命遣戍遼東正統初遂多特旨曲宥嗚呼法不立誅不必而欲為吏者之毋貪不可得也人主既委其太阿之柄而其所謂大臣者皆刀筆筐篋之徒毛舉細故以當天下之務吏治何繇而善哉

北夢瑣言後唐明宗乜惡墨吏鄧州留後陶玘為內鄉令成歸仁所論稅外科配貶嵐州司馬掌書記王惟吉奪歷

任告勑長流綏州竜州刺史李鄘以贓穢賜自盡汴州倉吏犯贓内有史彦珣舊将之子又是駙馬石敬瑭親戚王建立奏之希免死上曰王法無私豈可徇親供奉官丁延徽乃事權貴監倉犯贓侍衛使張從貴方便救之上曰食我厚禄盗我倉儲蘇秦復生說我不得並戮之以是在五代中號為小康之世

册府元龜載天成四年十二月蔡州西平縣令李商為百姓告陳不公大理寺斷止贖銅勑旨李商招愆俱在案款大理定罪備引格條然亦事有所未圖理有所未盡古之立法意在惜人况自列聖相承溥天無事人皆知禁刑遂從輕兵亂以來廉恥者少朕一臨寰海四换星灰常宣無

外之風每革從前之弊惟期不濫皆守無私李商不務養
民專謀潤已初聞告不公之事件決彼狀頭又爲奪有主
之莊田撻其本户國家給州縣篆印柢爲行遣公文而乃
将印曆下鄉從人户取物擾茲行事何以當官宜奪歷任
官杖殺讀此勅文明宗可謂得輕重之權者矣
金史大定十二年咸平尹石抹阿没刺以贓死於獄上謂
其不尸諸市已爲厚幸貧窮而爲盗賊蓋不得已三品職
官以贓至死愚亦甚矣其諸子可皆除名夫以贓吏而錮
及其子似非惡惡止其身之義然貪人敗類其子必無廉
清則世宗之詔亦未爲過漢書言李固杜喬朋心合力致
主文宣而孝恒即位之詔有曰贓吏子孫不得察舉豈非

漢人已行之事乎

元史至元十九年九月壬戌勅中外官吏贓罪輕者杖決重者處死

有庸吏之貪有才吏之貪唐書牛僧孺傳穆宗初為御史中丞宿州刺史李直臣坐贓當死中貴人為之申理帝曰直臣有才朕欲貸而用之僧孺曰彼不才者持禄取容耳天子制法所以束縛有才者安禄山朱泚以才過人故亂天下帝是其言乃止今之貪縱者大抵皆才吏也苟使之惕於法而以正用其才未必非治世之能臣也

後漢書稱袁安為河南尹政號嚴明然未嘗以贓罪鞫人此近日為寛厚之論者所持以為口實乃余所見數十年

來姑息之政至於綱解紐弛皆此言貽之敝矣嗟乎范文正有言一家哭何如一路哭耶

朱子謂近世流俗惑以陰德之論多以縱舍有罪為仁此猶人主之以行赦為仁也孫叔敖斷兩頭蛇而位至楚相亦豈非陰德之報耶

唐柳氏家法居官不奏祥瑞不度僧道不貸贓吏法此今日士大夫居官者之法也宋包拯戒子孫有犯贓者不得歸本家死不得葬大塋此今日士大夫教子孫者之法也

貴廉

漢元帝時貢禹上言孝文皇帝時貴廉潔賤貪污賈人贅壻及吏坐贓者皆禁錮不得為吏賞善罰惡不阿親戚罪

白者伏其誅疑者以與民（師古曰罪疑惟輕也）亡贖罪之法[illegible]無故令行禁止海內大化天下斷獄四百與刑錯亡異武帝始臨天下尊賢用士闢地廣境數千里自見功大威行遂從耆欲用度不足乃行壹切之變使犯法者贖罪入穀者補吏是以天下奢侈官亂民貧盜賊並起亡命者眾郡國恐伏其誅則擇便巧史書習於計簿能欺上府者以為右職（師古曰上府謂所屬之府右職高職也）姦軌不勝則取勇猛能操切百姓者以苛暴威服下者使居大位故亡義而有財者顯於世欺謾而善書者尊於朝誖逆而勇猛者貴於官故俗皆曰何以孝弟為財多而光榮何以禮義為史書而仕宦何以謹慎為勇猛而臨官故黥劓而髡鉗者猶復攘臂為政於世

行雖犬彘家富埶足目指氣使是為賢耳師古曰動目以指物出氣以使人故謂居官而置富者為雄傑處姦而得利者為壯士兄勸其弟父勉其子俗之敗壞乃至於是察其所以然者皆以犯法得贖罪求士不得真賢相守崇財利師古曰相諸侯相也守郡守也誅不行之所致也今欲興至治致太平宜除贖罪之法相守選舉不以實及有贓者輒行其誅亡但免官則爭盡力為善貴孝弟賤賈人進真賢舉實廉而天下治矣嗚呼今日之變有甚於此自神宗以來贖貨之風日甚一日國維不張而人心大壞數十年於此矣書曰不肩好貨敢恭生生鞠人謀人之保居敘欽必如是而後可以立太平之本

禹又欲令近臣自諸曹侍中以上家亡得私販賣與民爭利犯者輒免官削爵不得仕宦此議今亦可行自萬曆以後天下水利碾磑場渡市集無不屬之豪紳相沿以為常事矣

禁錮奸臣子孫

唐太宗詔禁錮宇文化及司馬德戡裴虔通等子孫不令齒叙（貞觀七年正月戊子詔文見舊唐書）武后令楊素子孫不得任京官及侍衛（新唐書）至德中兩京平大赦惟祿山支黨及李林甫楊國忠王鉷子孫不原（新唐書）宋高宗即位詔蔡京童貫王黼朱勔李彥王師成譚稹皆誤國害民之人子孫更不收叙（清波襍志）而章惇子孫亦不得仕于朝（宋史章惇傳）我太祖有天下

詔宋末蒲壽庚黄萬石子孫不得仕宦豢養之象周鼎檮杌之名楚書古人蓋有之矣竊謂宜令按察司各擇其地之姦臣一二人王法之所未加或加而未盡者刻其名於獄門之石以爲世戒而禁其後人之入仕九刑不忘百世難改亦先王樹之風聲之意乎

舊唐書太宗紀貞觀二年六月辛卯詔曰天地定位君臣之義以彰卑高既陳人倫之道斯著是用篤厚風俗化成天下雖復時經治亂主或昏明疾風勁草芬芳無絶剖心焚體赴蹈如歸夫豈不愛七尺之軀重百年之命諒繇君臣義重名教所先故能名大節於當時立清風於身後至如趙高之殞二世董卓之鴆弘農人神所疾異代同憤況

凡庸小豎有懷凶悖遐觀無策罔不誅夷辰州刺史長蛇縣男裴虔通昔在隋代委質晉藩煬帝以舊邸之情特相愛幸遂乃忘蔑君親潛圖弑逆密伺間隙招結羣醜長戟流矢一朝窮發天下之惡孰云可忍宜其夷宗焚首以彰大戮但年代異時累逢赦令可特免極刑投之四裔除名削爵遷配驩州虔通歸國授滁州揔管每自言身除隋室以啟大唐有觖望之色及得罪怨憤歲餘而死唐書太宗紀貞觀二年七月戊申萊州刺史牛方裕絳州刺史薛世良廣州長史唐奉義虎牙郎將高元禮以宇文化及之黨皆除名徙於邊

册府元龜權萬紀為治書侍御史貞觀四年正月奏宇文智及受隋厚恩而蔑棄君親首為弑逆人臣之所同疾萬代之所不原今其子乃任千牛侍衛左右請從屏黜以為

懲戒制可大唐新語楊昉爲左丞時宇文化及子孫理資蔭朝廷以事隔兩朝且其家親族亦衆下所司理之昉判曰父殺隋主子訴隋資生者猶配遠方死者無宜更叙時人深賞之

楊元禧傳載武后制曰隋尚書令楊素昔在本朝早荷殊遇稟凶邪之德懷諂佞之才惑亂君上離間骨肉搖動冢嫡寧唯掘蠱之禍誘扇後主卒成請蹯之釁生爲不忠之人死爲不義之鬼身雖幸免子竟族誅斯則姦逆之謀是其庭訓險薄之行遂成門風刑戮雖加枝胤仍在豈可復肩隨近侍齒迹朝行朕接統百王恭臨四海上嘉賢佐下惡賊臣常欲從容於萬機之餘褒貶於千載之外況年代未遠耳目所存者乎其楊素及兄弟子孫並不得令任京官及侍衛史言元禧忤張易之家奏左貶然此制自是當時公論

本朝者本人所仕之朝也

宋末蒲壽庚叛逆之事皆出其兄壽宬之畫是時壽宬佯著黄冠野服歸隱山中自稱處士以示不臣二姓而密為壽庚作降表令人自水門潛出送款於唆都其後壽庚以功授平章富貴冠一時而壽宬亦居甲第有投詩者云劍戟紛紜扶主日山林寂寞閉門時水聲禽語皆時事莫道山翁總不知泉州府志嗚呼今之身為戎首而外託高名者亦未嘗無其人也或欲蓋而彌章則無逃於三叛之筆矣

家事

孔子曰居家理故治可移於官 子木問范武子之德於趙孟對曰夫子之家事治言於晉國無隱情其祝史陳信於鬼神無愧辭子木歸以語王 王曰宜其光輔五君以為盟

主也夫以一人家事之理而致晉國之霸士大夫之居家豈細行乎

史記之載宣曲任氏曰富人爭奢侈而任氏折節為儉力田畜田畜人爭取賤賈任氏獨取貴善富者數世然任公家約非田畜所出弗衣食公事不畢則身不得飲酒食肉以此為閭里率故富而主上重之漢書載張安世曰安世尊為公侯食邑萬戶然身衣弋綈夫人自紡績家童七百人皆有手技作事内治產業累積纖微是以能殖其貨富於大將軍光後漢書載樊宏父重曰世善農稼好貨殖性溫厚有法度三世共財子孫朝夕禮敬常若公家其營理產業物無所棄課役童隸各得其宜故能上下戮力財利

嵗倍今之士大夫知此者鮮故富貴不三四傳而衰替也而家奴爭道霍氏奴入御史府欲躢大夫門此霍氏之所以亡也奴從賓客漿酒藿肉此董賢之所以敗也然則今日之官評其先考之僮約乎

以正色立朝之孔父而艷妻行路禍及其君以小心謹慎之霍光而陰妻和謀至於赤族夫綱之能立者鮮矣

戎王聽女樂而牛馬半死楚鐵斂利而倡優拙秦王畏之成帝寵黃門名倡丙彊景武之屬而漢業以衰玄宗造霓裳羽衣之曲而唐室遂亂今日士大夫纔任一官即以教戲唱曲為事官方民隱置之不講國安得不亡身安得無敗

奴僕

顔氏家訓勦下有一領軍貪積已甚家僮八百誓滿一千

唐李義府多取人奴婢及敗各散歸其家時人爲露布云混奴婢而亂放各識家而競入潘岳西征賦曰混雞犬而亂放各識家而競入聖祖数涼國公藍玉之罪亦曰家奴至於数百今日江南士大夫多有此風一登仕籍此輩競來門下謂之投靠多者亦至千人而其用事之人則主人之起居食息以至於出處語默無一不受其節制有甘於毀名喪節而不顧者奴者主之主者奴之嗟乎此六逆之所繇來矣

漢書霍光傳任宣言大將軍時百官已下但事馮子都王子方等皆光奴又曰初光愛幸監奴馮子都常與計事師古曰監奴奴之監知家務者也及顯光妻寡居與子都亂夫以出入殿門進止

不失尺寸之人而溺情女子小人遂至於此今時士大夫之僕多有以色而升以妻而寵夫上有漁色之主則下必有烝弒之臣清斯濯纓濁斯濯足自取之也是以欲清閨門必自簡童僕始

嚴分宜之僕永年號曰鶴坡張江陵之僕游守禮號曰楚濱古詩昔有霍家奴姓馮名子都而晉灼引漢語以為馮殷則子都亦字也不但招權納賄而朝中多贈之詩文儼然與搢紳為賓主名號之輕文章之辱至斯而甚矣曰媚閹建祠非此為之嚆矢乎

人奴之多吳中為甚史言呂不韋家僮萬人嫪毐家僮數千人今吳中仕宦之家有至一二千人者其專恣暴橫亦惟吳中為甚有王者起當悉免為良而徙之以實遠方空虛之地士大夫之家所用僕役並令出

資雇募如江北之例鄭康成周禮司厲註曰今之奴婢古之罪人也風俗通言古制本無奴婢奴婢皆是犯事者今吳中亦諱其名謂之家人則豪橫一清而四鄉之民得以安枕其為士大夫者亦不受制於人可以勉而為善訟簡風淳其必自此始矣

閽人

顔氏家訓昔者周公一沐三握髮一飯三吐哺以接白屋之士一日所見七十餘人門不停賓古所貴也失教之家閽寺無禮或以主君寢食嗔怒拒客未通江南深以為恥黄門侍郎裴之禮號善待士有如此輩對賓杖之其門下僮僕接於他人折旋俯仰辭色應對莫不肅敬與主無別也史記鄭當時誡門下客至無貴賤無留門者後漢書皇

甫嵩折節下士門無留客而大戴礼武王之門銘曰敬遇賓客貴賤無二則古已言之矣觀夫後漢趙壹之于皇甫規高彪之于馬融一謁不面終身不見為士大夫者可不戒哉

後漢書梁冀傳冀壽共乘輦車游觀第内鳴鐘吹管或連継日夜客到門不得通皆請謝門者門者累千金今日所謂門包殆昉於此

田宅

舊唐書張嘉貞在定州所親有勸立田業者嘉貞曰吾忝歷官榮曾任國相未死之際豈憂飢餒若負譴責雖富田莊何用比見朝士廣占良田及身没後皆為無賴子弟作

酒色之資甚無謂也聞者歎服此可謂得二疏之遺意者
若夫世变日新人情弥險有以富厚之名而反使其後人
無立錐之地者亦不可不慮也書又言馬燧貲貨甲天下
既卒子暢承旧業屢為豪幸邀取貞元末中尉曹志廉諷
暢令獻田園第宅順宗復賜暢中貴人逼取仍指使施于
佛寺暢不敢吝晚年財産並盡身没之後諸子無室可居
以至凍餒今奉誠園亭館即暢舊第也白樂天詩不見馬家宅今作奉誠園
元微之詩蕭相深誠奉至尊旧居求作奉誠園秋來古巷
無人掃樹滿空墻閉戟門通鑑作奉成園又以為馬璘
之第並誤按馬璘傳天寶中貴戚勲家已務奢靡而垣屋
犹存制度然衛公李靖家廟已為嬖臣楊氏馬廄矣及安
史之乱法度隳弛内臣戎帥競務奢豪亭館第舍力窮乃
止璘之第經始中堂費錢二十万貫德宗践阼條舉格令
第舍不得踰制仍詔毀璘中堂及内官刘忠翼之第璘之
家園進為宮司自後公卿賜宴多于璘之山池子弟無行

家財尋盡册府元龜貞元十八年二月朔賜群臣会宴于延康里故馬璘池亭自後每逢令節皆然則二馬身後事畧同然謂之故馬璘池亭而不曰奉誠園也雍録奉誠園在安邑坊本馬燧宅燧子暢獻之

王鍔家財富于公藏及薨有二奴告其子稷改父遺表匿所獻家財憲宗欲遣中使詣東都簡括以裴度諫而止稷復為德州刺史廣齎金宝僕妾以行節度使李全略利其貨而圖之教本州軍作乱殺稷納其室女以妓媵處之吾見今之大家以酒色費者居其一以争鬭破者居其一意外之侮奪又居其一而三桓之子孫微矣

三反

今日人情有三反曰彌謙彌偽弥親弥汎彌奢彌吝

召殺

巧召殺　忮召殺　吝召殺

南北風化之美

江南之士輕薄奢淫梁陳諸帝之遺風也河北之人鬬狠劫殺安史諸亾之餘化也

南北學者之病

飽食終日無所用心難矣哉今日北方之學者是也羣居終日言不及義好行小慧難矣哉今日南方之學者是也

士大夫晚年之學

南方士大夫晚年多好學佛北方士大夫晚年多好學仙夫一生仕宦投老得閒正宜進德修業以補從前之闕而知不能及流于異端其與求田問舍之輩行事雖殊而孳

孳為利之心則一而已矣宋史呂大臨傳富弼致政于家為佛氏之學蒙齋筆談富鄭公少好道自言吐納長生之術信之甚篤亦時為燒煉丹灶事守亳時迎潁川僧正顒館于書室親侍弟子礼大臨與之書曰古者三公無職事惟有德者居之內則論道于朝外則主教于鄉古之大人當是任者必將以斯道覺斯民成已以成物豈以位之進退年之盛衰而為之變哉今大道未明人趨異學不入於莊則入于釋疑聖人為未盡善輕礼義為不足學人倫不明萬物憔悴此老成大人惻隱存心之時以道自任振起壞俗若夫移精变氣務求長年此山谷避世之士獨善其身者之所好豈世之所以望于公者弼謝之以達尊大老而受後生之箴規良不易得也

性為不得謂為之政
亦復何莫云

唐玄宗開元六年河南參軍鄭銑虢州朱陽縣丞郭仙舟投匭獻詩勑曰觀其文理是崇道法至於時用不切事情可各從所好並罷官度為道士

士大夫家容僧尼

册府元龜唐玄宗開元二年七月戊申制曰如聞百官家多以僧尼道士為門徒往還妻子無所避忌今江南尚有門徒之稱或詭託禪觀妄陳禍福事涉左道深斁大猷自今已後百官不得輒容僧尼道士等至家緣吉凶要須設齋皆於州縣陳牒寺觀然後依數聽去仍令御史金吾明加捉搦唐制百官齋日雖在寺中不得過僧張籍寺宿齋詩云晚到金光門外寺寺中新竹隔簾多齋宮禁與僧相見院〻

西海陵亦有此妙舉

開門不得過

金史海陵紀貞元三年以右丞相張浩平章政事張暉每見僧法寶必坐其下失大臣體各杖二十僧法寶妄自尊大杖二百

貧者事人

貧者不以貨事人然未嘗無以自致也江上之貧女常先至而掃室布席陳平侍里中喪以先往後罷為助古人之風吾黨所宜勉矣

分居

宋孝建中中軍府録事參軍周殷啓曰今士大夫父母在而兄弟異居計十家而七庶人父子殊産八家而五其甚

者乃危亡不相知饑寒不相恤忌疾讒害其間不可稱數
宜明其禁以易其風當日江左之俗便已如此魏書裴植
傳云植雖自州送祿奉母及贍諸弟而各別資財同居異
爨一門數竈蓋亦染江南之俗也隋盧思道聘陳嘲南人
詩曰共甑分炊飯同鐺各煮魚而地理志言蜀人敏慧輕
急尤足意錢之戲小人薄於情禮父子率多異居冊府元
龜唐肅宗乾元元年四月詔百姓中有事親不孝別籍異
財玷汚風俗虧敗名教先決六十配隸磧西有官品者禁
身聞奏宋史太祖開寶元年六月癸亥詔荊蜀民祖父母
父母在者子孫不得別財異居二年八月丁亥詔川峽諸
州察民有父母在而別籍異財者論死太宗淳化元年九

嗟乎此論豈得已哉為上之人既未知端化源以厚風俗於下昔日輯睦落落之見同居存時多爭競視異爨者仇而多釁在互相存恤不失親親之誼也薛言

月辛巳禁州峽民父母在出為贅婿真宗大中祥符二年正月戊辰詔誘人子弟析家產者令所在擒捕流配其於教民厚俗之意可謂深且篤矣遼史聖宗統和元年十一詔民有父母在別籍異居者坐罪若劉安世劾章惇父在別籍異財絕滅義理則史傳書之以為正論馬亮為御史中丞上言父祖未葬不得別財異居李元綱厚德録乃令之江南猶多此俗人家兒子娶婦輒求分異而老成之士有謂二女同居易生嫌競式好之道莫如分爨者豈君子之言與史記言商君治秦令民有二男以上不分異者倍其賦又言秦人家富子壯則出分家貧子壯則出贅以為國俗之敝而陸賈家于好時有五男出所使越得橐中裝賣千金分其子子二百金令其生產

此有兄在主持家計日夜焦勞而為弟在怠惰自恣一惟衣食無或有弟在奔走勤劬不知疲有一等子兄而為兄在入手自據且加督責即此二端人能[illegible]〻生心況有爭父餘產自行偏還種〻不平者亦在世穩之者人分產然不成其為人倫而今日惟分產猶或稍全其人倫也

陸生常安車駟馬從歌舞琴瑟侍者十人寶劍直百金謂其子曰與汝約過汝汝給吾人馬酒食極欲十日而更所死家得寶劍車騎侍從者後人或謂之為達至唐姚崇遺令以達官身後子孫失蔭多至貧寒斗尺之間參商是競欲儆陸生之意預為分定將以絕其後爭嗚呼此衰世之意也

漢桓帝之世吏相濫舉時人為之語曰舉秀才不知書察孝廉父別居見抱朴子當世之俗猶以分居為耻若吳之陳表世為將督兄修亡後表毋不肯事修毋表謂其母曰兄不幸早亡表統家事當奉嫡母毋若能為表屈情承順嫡母者是至願也毋若不能直當出別居耳由是二母感寤雍

穆可以見東漢之流風矣

陳氏禮書言周之盛時宗族之法行故得以此繫民而民不散及秦用商君之法富民有子則分居貧民有子則出贅由是其流及上雖王公大人亦莫知有敬宗之道浸淫後世習以為俗而時君所以統馭之者特服紀之律而已間有糾合宗族一再傳而不散者則人異之以為義門豈非名生於不足歟

應劭風俗通曰凡兄弟同居上也通有無次也讓其下耳豈非中庸之行而今人以為難能者哉

五襍俎言張公藝九世同居高宗問之書忍字百餘以進其意美矣而未盡善也居家御衆當令紀綱法度截然有

（朱批：張公忍字以孔之之謂也所謂忍者即不聽婦人言了）

章乃可行之永久若使姑婦勃谿奴僕放縱而為家長者僅含默隱忍而已此不可一朝居而況九世乎善乎浦江鄭氏對太祖之言曰臣同居無他惟不聽婦人言耳此格論也雖百世可也（朱批：苟各知忍字焉有勃谿之事）

唐玄宗天寶元年正月勅如聞百姓有戶高丁多苟為規避父母見在乃別籍異居宜令州縣勘會其一家之中有十丁已上者放兩丁征行賦役五丁已上放一丁即令同籍共居以敦風教其賦丁孝假與免差科（謂應賦之丁遇父母亡則免差科謂之孝假按此後周太祖所制若罹亡礼則不徵其賦者也）可謂得化民之術者矣

父子異部

三國志言兾州俗父子異部更相毀譽今之江淅之間多

有此風一入門户父子兄弟各樹黨援兩不相下萬曆以後三數見之此其無行誼之尤所謂惟弔茲不于我政人得罪天惟與我民彝大泯亂者矣

生日

生日之禮古人所無（予昔年流寓關門生日有致餽者答書云小弁之逐子始說我辰哀郢之放臣乃言初度）顔氏家訓曰江南風俗兒生一暮為制新衣盥浴裝飾男則用弓矢紙筆女則刀尺鍼縷並加飲食之物及珍寶服玩置之兒前觀其發意所取以驗貪廉智愚名之為試兒親表聚集因成宴會自茲以後二親若在每至此日常有飲食之事無教之徒雖已孤露（魏晉間人以父亡為孤露嵇康與山巨源絶交書少加孤露趙彥深見母自陳幼小孤露亦謂之偏露唐孟浩然送莫氏甥詩平生早偏露）其日皆

若父母亡後但當于是日齋居追思祭奠二親可也

為供頓酣暢聲樂不知有所感傷梁孝元年少之時每八月六日載誕之辰嘗設齋講自阮修容元帝生母所薨後此事亦絶是此禮起于齊梁之閒逮唐宋以後自天子至於庶人無不崇飾此日開筵召客賦詩稱壽而于昔人反本樂生之意去之遠矣

納女

漢王商為丞相皇太后嘗詔問商女欲以備後宮時女病商意亦難之以病對不入及商以閨門事見考自知為王鳳所中惶怖更欲内女為援迺因新幸李婕妤家白見其女為太中大夫張匡所奏免相歐血薨謚曰戾侯後魏鄭義為西兗州刺史貪鄙納女為嬪徵為秘書監及卒尚書

謚曰宣詔曰蓋棺定謚激濁揚清義雖風有文業而治闕廉清尚書何乃情遺至公愆違明典依謚法博文多見曰文不勤成名曰靈謚曰文靈古之士大夫以納女後宫爲耻今人則以爲榮矣

古之名士猶不肯與戚畹同列魏夏侯玄爲散騎黄門侍郎嘗進見與皇后弟毛曾並坐玄耻之不悦形之于色宋路太后頗豫政事弟子瓊之宅與太常王僧達並門嘗盛車服衛從造僧達僧達不爲之禮瓊之以訴太后太后大怒告上曰我尚在而皆陵我家死後乞食矣欲罪僧達上曰瓊之年少自不宜輕造諸王僧達貴公子豈可以此事加罪

王女棄歸

漢書衡山王傳太子女弟無采嫁棄歸以王女之貴為人妻而猶有見棄者近古七出之條猶存而王者亦不得以非禮制其臣下也

罷官不許到京師

後漢書言漢法罷免守令非徵詔不得妄到京師（蘇不韋傳）今制內外官員至京師必謁鴻臚寺報名見朝至南京必謁孝陵罷職者不得入國門（成化十三年九月壬申詔遂罷閒官吏人等）此漢人之成法所以防黨緣清輦轂之意深矣

冊府元龜載後唐明宗長興二年九月丙戌太傅致仕王建立不繇詔旨至京（建立先以上章乞歸鄉里）通事不敢引對留於閤

門久之自至後樓朝見帝以故將不之罪則知五代之朝此法亦未嘗弛也

陳思王植

陳思王植初封臨淄侯聞魏氏代漢發服悲哭文帝恨之魏志蘇則傳司馬順字思子宣王第五弟通之子初封習陽亭侯魏志杜恕傳註引晉書作龍陽及武帝受禪歎曰事乖唐虞而假為禪名遂悲泣由是廢黜徙武威姑臧縣雖受罪流放守意不移而卒滕王瓚隋高祖母弟周宣帝崩高祖入禁中將揔朝收瓚聞召不從曰作隨國公恐不能保何乃更為族滅事邪廣王全昱全昱全忠之兄全忠稱帝與宗戚飲博于宮中酒酣全昱忽以投瓊擊盆中迸散睨帝曰朱三汝本碭山一

民從黄巢為盜天子用汝為四鎮節度使富貴極矣柰何一旦滅唐三百年社稷自稱帝王行當族滅奚以悖為帝不懼而罷夫天人革命而中心弗顧者乃在於興代之懿親其賢于裸將之士勸進之臣遠矣

降臣

記言孔子射于矍相之圃賁軍之將亡国之大夫不入說苑言楚伐陳陳西門燔使其降民修之孔子過之不軾戰國策安陵君言先君手受太府之憲憲之上篇曰國雖大赦降城亡子不得與焉註以城降人及士人之子下及漢魏而馬日磾于禁之流至于嘔血而終不敢覥于人世時之風尚從可知矣後世不知此義而文章之士多護李陵智計之家或

稱譙叟此說一行則國無守臣人無植節反顏事讐行若狗彘而不之媿也何怪乎五代之長樂老序平生以為榮滅廉恥而不顧者乎春秋僖十七年齊人殲于遂穀梁傳曰無遂則何以言遂其猶存遂也故王蠋死而田單復齊弘演亡而桓公救衛此足以樹人臣之鵠而降城亡子不齒于人類者矣今浙江紹興府有一種人謂之惰民世為賤業不敢與齊民齒志云其先是宋將焦光贊部曲以叛宋降金故爾

楚漢之際有鄭君見史記鄭當時傳失其名嘗事項籍籍死屬漢高祖悉令諸籍臣名籍謂不稱項王而亦其名鄭君獨不奉詔于是盡拜名籍者為大夫而逐鄭君金哀宗之亡參政張天綱見執于宋有司令供狀書金主為虜主天綱曰殺即殺焉用狀

為有司不能屈聽其所供天綱但書故主而已嗚呼豈不賢于少事偽朝者乎

唐肅宗至德三年正月大赦詔自開元已来宰輔之家不為逆賊所汚者與子孫一人官

本朝

古人謂所事之國為本朝魏文欽降吳表言世受魏恩不能扶翼本朝抱愧俛仰靡所自厝又如吳亡之後而蔡洪與刺史周俊書言本朝舉賢良是也顏氏家訓先君先夫人皆未還建業舊山旅葬江陵東郭之推父協梁湘東王府諮議參軍承聖末啟求揚都欲還營厝蒙詔賜銀百兩已于揚州小郊卜地燒磚值本朝淪沒流離至此之推仕歷齊周及隋而

又按楊元禧傳載武后制曰隋尚書令楊素昔在本朝早荷殊遇云云是在上者亦稱其人所事之國為本朝之已見前

猶稱梁為本朝蓋臣子之辭無可移易而當時上下亦不以為嫌者矣

舊唐書劉昫撰昫為石晉宰相而其職官志稱唐曰皇朝曰皇家曰國家經籍志稱唐曰我朝

宋胡三省註資治通鑑書成于元至元時註中凡稱宋皆曰本朝曰我宋其釋地理皆用宋州縣名惟一百九十七卷蓋牟城下註曰大元遼陽府路遼東城下註曰今大元遼陽府二百六十八卷順州下曰大元順州領懷柔密雲二縣二百八十六卷錦州下曰陳元靚曰大元于錦州置臨海節度領永樂安昌興城神水四縣屬大定府路二百八十八卷建州下曰陳元靚曰大元建州領建平永霸二

縣屬大定府路以宋無此地不得已而書之也

書前代官

陶淵明以宋元嘉四年卒而顔延之身為宋臣乃其作誄直云有晋徵士真定府龍藏寺碑隋開皇六年立其末云齊開府長兼行參軍九門張公礼撰齊亡入周周亡入隋而猶書齊官韓偓自書裴郡君祭文書甲戌歲書前翰林學士承旨銀青光禄大夫行尚書户部侍郎知制誥昌黎縣開國男食邑三百户韓偓是歲朱氏篡唐已八年猶書唐官而不用梁年號

宋史劉豫傳豫改元阜昌朝奉郎趙俊書甲子不書僭年豫亦無如之何

日知録卷之十八

兄弟不相為後

商之世兄終弟及故十六世而有二十八王如仲丁外壬河亶甲兄弟三王陽甲盤庚小辛小乙兄弟四王未知其廟制何如商書言七世之廟賀循謂殷世有二祖三宗若拘七室則當祭禰而已徐邈亦云若兄弟昭穆者設兄弟六人為君至其後世當祀不及祖禰唐書禮樂志自憲宗穆宗敬宗文宗四世祔廟睿玄肅代以次遷至武宗崩德宗以次當遷而于世次為高祖礼官始覺其非以謂兄弟不相為後不得為昭穆乃議復祔代宗而議者言已祧之主不得復入太廟禮官舊史亦但言礼儀使不載其名曰昔晉元明之世已遷豫章頴川豫章府君宣帝之曾祖頴川府君宣

帝之祖惠帝崩遷豫章元帝即位江左升懷帝又迁潁後
川位雖七室具寔五世蓋從刁協以兄弟為世數故也
皆後祔元帝時已遷豫章潁川尋從溫嶠議復故明帝崩又迁潁川簡文帝立復故此故事也
議者又言廟室有定數而無後之主當置別廟開元初奉中宗別庿
升睿宗為第七室禮官曰晉武帝時景文同廟々雖六代其實七
主至元帝明帝廟皆十室故賀循曰廟以容主為限而無
常數也于是復祔代宗而以敬宗文宗武宗同為一代
何休解公羊傳文公二年躋僖公謂惠公與莊公當同南
面西上隱桓與閔僖當同北面西上拠大祫如此則廟中
昭穆之序亦從之而不易矣
鄭萬斯大本之立說謂廟制當一準王制之言太祖而下
其為父死子繼之常也則一廟一主三昭三穆而不得以

實是千古定讞

其為兄弟相繼之変也則同廟異室亦三昭三穆而不得多覌考工記匠人營國所載世室明堂皆五室則知同廟異室古人或已有通其変者正不可指為後人之臆見也記曰協諸義而協則礼雖先王未之有可以義起也然則賀循之論可為後王之式矣

立叔父

左傳昭十九年鄭駟偃卒生絲弱其父兄立子瑕（子游叔父駟乞）子產對晉人謂私族於謀而立長親是叔父繼其兄子唐宣宗之為皇太叔蓋昉於此矣

繼兄子為君

晉元帝大興三年正月乙卯詔曰吾雖上繼世祖然於懷

懸皇帝皆北面稱臣今祠太廟不親執觴酌而令有司行事於情理不安乃行親獻可謂得春秋之意者矣

太上皇

秦始皇本紀追尊莊襄王爲太上皇是死而追尊之號猶周曰太王也漢則以爲生號而後代並因之矣

曲礼已孫暴貴不爲父作謚或擧武王爲難鄭康成答趙商曰周道之基隆于二王功德繇之王迹興焉不可以一概論也若夏禹殷湯則不然矣擬此則漢高帝於太上皇尊而不謚乃爲得礼其追尊先媼爲昭靈夫人當亦號而非謚也

皇伯考

魏孝莊帝追尊其父彭城武宣王為文穆皇帝廟號肅祖母李妃為文穆皇后將遷神主于太廟以高祖為伯考臨淮王彧表諫曰漢祖創業香街有太上之廟光武中興南頓立舂陵之寢元帝之於光武疏為絶服猶身奉子道入繼太宗高祖之於聖躬親寔猶子陛下既纂弘緒豈宜加伯考之名且漢宣之繼孝昭斯乃上後叔祖豈忘宗承考妣蓋以大義所奪及金德將興宣王受寄自兹而降世秉威權景文二王實傾曹氏故晉武繼文祖宣于景王有伯考之稱以今類古恐或非傳又臣子一例義彰旧典禘祫失序著譏前經高祖德溢寰中道超無外肅祖雖勳格宇宙猶曾奉贄稱臣穆皇后禀德坤元復將配享乾位此乃

君臣並筵嫂叔同室歷觀墳籍未有其事又表言爰自上古迄于下葉崇尚君親褒明功懿乃有皇號終無帝名若去帝稱皇求之古義少有依準不納先朝嘉靖中追崇之典與此正同襲典午之稱名用孝莊之故事蓋并非張桂諸臣之初意矣

除去祖宗廟謚

漢惠帝從叔孫通之言郡國多置原廟元帝時貢禹以為不應古禮永光四年下丞相韋玄成等議以春秋之義父不祭于支庶之宅君不祭于臣僕之家王不祭于下土諸侯請勿復修奏可因罷昭靈后武哀王昭哀后衛思后戾太子戾后園皆不奉祠後魏明元貴嬪杜氏魏郡鄴人生

世祖及即位追尊為密皇后配饗太廟又立后廟于鄴高宗時相州刺史高閭表修后廟詔曰婦人外成理無獨祀陰必配陽以成天地未聞有莘之國立太姒之享此乃先皇所立一時之至感非經世之達制便可罷祀是古人罷祖宗之廟而不以為嫌也王莽尊元帝廟號高宗成帝號統宗平帝號元宗中興皆去之後漢和帝號穆宗安帝號恭宗順帝號敬宗桓帝號威宗桓帝尊母梁貴人曰恭懷皇后安帝尊祖母宋貴人曰敬隱皇后順帝尊母李氏曰恭愍皇后獻帝初平元年左中郎將蔡邕議孝和以下政事多釁權移臣下嗣帝殷勤各欲褒崇至親而已臣下懦弱莫能執正摠禮和安順桓四帝不宜稱宗又恭懷敬隱

恭懿三皇后並非正嫡不合称后皆請除尊號制曰可唐
高宗太子弘追謚孝敬皇帝廟號義宗開元六年將作大
匠韋湊上言準礼不合称宗于是停義宗之號是古人除
祖宗之號而不以為忌也後世浮文日盛有增無損德宗
初立礼儀使吏部尚書顔真卿上言上元中政在宫壼始
增祖宗之謚玄宗末姦臣竊命列聖之謚有加至十一字
者按周之文武言文不称武言武不称文豈盛德所不優
乎蓋称其至者故也故謚多不為褒少不為貶今列聖謚
號太廣有踰古制請自中宗以上皆從初謚睿宗曰聖真
皇帝玄宗曰孝明皇帝肅宗曰宣皇帝以省文尚質正名
敦本上命百官集議儒學之士皆從真卿議獨兵部侍郎

表修官以兵進奏言陵廟玉冊木主皆已刋勒不可輕改事遂寢不知陵中玉冊所刻乃初謚也自此宗廟之廣謚號之繁沿至本朝遂成故典而人臣不敢議也稱宗之謚始于王莽之三宗稱祖之謚始于曹魏之三祖唐王彦威所謂叔世亂象不可以訓者也

漢人追尊之禮

太上皇高帝父也皇而不帝師古曰皇君也天子之父故號曰皇不預治國故不言帝也又引蔡邕曰不言帝非天子也戾太子悼皇考孝宣之祖若父也太子皇考而不帝舂陵節侯鬱林太守鉅鹿都尉南頓令光武之高曾若祖父也侯而不帝太守都尉而不帝君而不帝此皆漢人近古而作偁者定陶共皇一議也

謚法

孝宣即位思戾悼之名不少隱諱亦無一人更言梟鳩里事此見漢人醇厚後代因之而恩怨相尋反覆之報中于國家者多矣

季孫問于榮駕鵝曰吾欲爲君謚使子孫知之對曰生弗能事死又惡之以自信也將焉用之乃止然謚之曰昭亦但取其習于威儀爾謚法容儀恭美曰昭按周之昭王南征不復晋昭侯鄭昭公宋昭公蔡昭侯皆見弑于其臣是昭非饗國克終之謚也此外齊晋曹許皆有昭公亦無可稱而周之甘昭公以罪見殺至楚昭王燕昭王秦昭襄王漢孝昭帝始以爲美謚而唐之昭宗亦見弑

追尊子弟

古人主但有追尊其父兄無尊其子弟者唯秦文公太子卒賜謚爲竫公唐代宗追謚其弟故齊王倓爲承天皇帝

内禅

左傳齊景公有疾立太子州蒲爲君會諸侯伐鄭史記趙武靈王傳国于子惠文王自称主父此内禅之始竹書紀年夏帝不降五十九年遜位于弟扃帝扃十年帝不降陟然不可考矣

御容

唐玄宗於别殿安置太宗高宗睿宗御容每日侵早具服朝謁見冊府元龜城門郎獨孤晏奏此今日奉先殿之所自立也宗廟之

禮人臣不敢輕議然竊以為兩廟二主非嚴敬之義蓋唐書所謂王璵緣生事亡傳歸形而未察乎神人之道者乎

封國

唐宋以下封國但取空名而不有其地本朝亦然然名不可不慎趙府有江寧王代府有溧陽王遼府有句容王韓府有高淳王而楊洪封昌平伯石亨李儒封武清伯張輗封文安伯曹義封豐潤伯施聚封懷柔伯金順羅秉忠封順義伯谷大亮封永清伯蔣輪封玉田伯此皆赤畿縣名而以為諸王臣下之封何也南齊書文惠太子子昭秀封臨濟郡王通直常侍庾曇隆啟曰周定雒邑天子置畿內之民漢都咸陽三輔為社稷之衛中晉南遷事移威弛近

郡名邦多有國食宋武創業依擬古典神州部内不復別封而孝武末年分樹寵子苟申私愛有乖訓準隆昌之元特開母弟之貴窃謂非古聖明御寓礼舊爲先畿内限斷宜遵昔制賜茅授土一出外州遂改封昭秀爲巴陵王當時臨海郡屬揚州王畿故也豈有以神皋赤縣之名而加之支庶者乎

宋時封國大小之名皆有準式而陸務觀謂曾子開封曲阜縣子謝任伯封陽夏縣伯曲阜今仙源縣陽夏今城父縣方號封時已無此二縣以爲司封之失職本朝則草畧殊甚即郡王封號而或以府或以州或以縣或以古縣或但取美名初無一定之例名之不正莫甚于今代

乳母

舊唐書哀帝天祐二年九月内出宣旨妳婆楊氏可賜號昭儀妳婆王氏可封郡夫人第二妳婆王氏先帝已封郡夫人今准楊氏例改封中書門下奏曰臣聞周制官戚夫人只列三人漢氏後宫之號十有四位元帝特置昭儀位視丞相爵比諸侯王至于列妾縱称夫人亦無裂土割郡之號以胡組郭徵卿保養宣帝之功子孫但受厚賞而無封爵後漢順帝封阿母宋氏爲山陽君則致漢陽地震安帝封乳母王聖爲野王君亦致地震京師晋室中興乳母阿蘇有保元帝之功賜號保聖君初非爵邑但擇美名至高齊陸令萱以乾阿妳授封郡君尋乱制度中宗神龍元

年封乳母于氏為平恩郡夫人景龍四年封尚食高氏為蓚國夫人封爵之失始自于此後睿宗下詔封玄宗乳母蔣氏為吳國夫人莫氏為燕國夫人歷載以來寖為訛舛伏以陛下重興寶運再闡丕圖奉高祖太宗舊章行往代賢君故事今則宣授乳母為郡夫人窃意四海九州之內有功勞安社稷者得不對室家而懟于所命之爵乎臣等參詳妳婆楊氏王氏雖居溫推煖並彰保養之勤而胙土分茅且異疏封之例况昭儀內侍燕寢位列宮嬪夫人則亞列妃嬙供奉左右豈可以嬪御之號增榮于阿保擬之典礼良有乖違其楊氏望賜號安聖君王氏望賜號福聖君第二王氏望賜號康聖君從之參用冊府元龜當國命贅琉權

臣聞誕之日而執議若此本朝自永樂中封乳母馮氏為保聖賢順夫人實録永樂七年三月戊辰遣官祭乳母保聖賢順夫人馮氏列宗因之遂為成例而奉聖夫人客氏遂與魏忠賢表裏擅權甚於漢之王聖矣

聖節

舊唐書太宗貞觀二十年十二月癸未上謂司徒長孫無忌等曰今日是朕生日世俗皆為歡樂在朕翻成傷感今君臨天下富有四海而承歡膝下永不可得此子路所以有負米之恨也詩云哀哀父母生我劬勞奈何以劬勞之日更為宴樂乎因泣數行下左右皆悲其時無所謂聖節也玄宗開元十七年八月癸亥上以降誕日宴百寮於花

蕚樓下百寮表請以每年八月五日為千秋節王公以下獻鏡及承露囊天下諸州咸令宴樂休假三日仍編為令從之十八年閏六月辛卯禮部奏請千秋節休假三日及村閭社會並就千秋節先賽白帝報田祖然後坐飲散之八月丁亥上御花蕚樓以千秋節百官獻賀賜四品以上金鏡珠囊縑彩五品以下束帛有差上賦八韻詩又制秋景詩此節名醻宴之所起也杜甫詩自罷千秋節頻傷八月來謂此　新唐書禮樂志千秋節者玄宗以八月五日生因以其日名節而君臣共為荒樂當時流俗多傳其事以為盛其後巨盜起陷兩京自此天下用兵不息而離宮苑囿遂以荒堙獨其餘聲遺曲傳人間聞者為之悲涼感動蓋其事適足為戒而不足考法故不復著其詳肅宗上元二年九月甲申天成地平節史不書置節年月上於三殿置道場以宮人為佛菩薩力士為金剛神王

召大臣膜拜圍繞自後相沿以為故事命沙門道士講論於麟德殿德宗貞元十二年復命以儒士參之此齋醮之所起也冊府元龜開元二十三年八月癸巳千秋節命諸學士及僧道講論三教同異則玄宗時先行之代宗永泰二年十月上降誕日諸道節度使獻金帛器服珍玩名馬計二十餘萬自是歲以為常後增至百餘萬此進獻之所起也穆宗元和十五年七月乙巳勅以今月六日是朕載誕之辰奉迎皇太后于宮中上壽其日百寮命婦宜于光順門進名參賀宰臣以古無降誕受賀之禮奏罷之韋綬傳綬以七月六日是穆宗載誕節請以是日百官詣光順門賀太后然後上皇帝壽從之宰臣奏古無生日稱賀之儀其事遂寢元稹長慶集有賀降誕日德音狀考冊府元龜次年長慶元年七月庚子仍行此禮而史遺之也又云敬宗寶曆元年六月勅停此禮文宗太和七年十月壬辰上降

誕日僧徒道士講論于麟德殿翼日御延英上謂宰臣曰降誕日設齋相承已久未可便革朕雖置齋會唯對王源中等暫入殿源中爲翰林學士至僧道講論都不聽臨宰相路隨等奏誕日齋會本非中国教法臣狀見開元十七年張說源乾曜請以誕日爲千秋節內外宴樂以慶昌期頗爲得礼上深然之宰臣因請以十月十日爲慶成節從之開成二年九月甲申詔曰慶成節朕之生辰天下錫宴庶同歡泰不欲屠宰用表好生自今會宴蔬食任陳脯醢永爲常例又勅慶成節宜令京兆尹准上巳重陽例于曲江會文武百寮其延英奉觴權停太和九年浚曲江作紫雲樓仍許公卿士大夫之家于江頭立亭館自是武宗爲慶陽節宣宗爲壽昌節懿宗爲延慶節僖·

宗為應天節昭宗為嘉會節哀帝為乾和節並冊府元龜然則
此禮啟于玄文二宗成于張說源乾曜路隨三人之奏而
後遂編于令甲傳之百代矣
冊府元龜載開元十七年尚書左丞相源乾曜右丞相張
說率文武百官等上表曰臣聞聖人出則日月記其初王
澤深則風俗傳其後故少昊著流虹之感商湯本玄鳥之
命孟夏有佛生之供仲春修道祖之籙追始樂原其義一
也伏惟開元神武皇帝陛下二氣合神九龍浴聖請明挺
于玉露爽朗冠于金天月惟仲秋日在端午常星不見之
夜祥光照室之期羣臣相賀曰誕聖之辰也焉可不以為
嘉節乎比夫曲水禊亭重陽射圃五日綵線七夕粉筵豈

同年而語也臣等不勝大願請以八月五日為千秋節著之令甲布于天下咸令宴樂休假三日羣臣以是日獻甘露醇酎上萬歲壽酒王公戚里進金鏡綬帶士庶以絲結承露囊更相遺問村社作壽酒宴樂名為賽白帝報田神上明玄天光啓大聖下彰皇化垂裕無窮異域占風同見美俗帝手詔報曰凡是節日或以天氣推移或因人事表記八月五日當朕生辰感先聖之慶靈荷皇天之眷命卿等請為令節上獻嘉名勝地良游清秋高興百穀方熟萬寳以成自我作古舉無越礼朝野同歡是為美事依卿來請宣付所司路隨奏不録

太祖實錄洪武五年八月庚辰罷天下進貢聖節冬至表

箋上日正旦為歲之首天運維新人君法天出治臣下進表稱賀礼亦宜之生辰冬至于文繁矣昔唐太宗謂生辰是父母劬勞之日況朕皇考皇妣早逝每于是日不勝悲悼忍受天下賀乎宜皆罷之自是每聖節之日齋居素食不受朝賀十三年七月韓國公李善長等累表上請然後許之其年九月乙巳上御奉先殿受朝賀宴羣臣于謹身殿歲以為常然而不受獻不賦詩不賜酺不齋醮則聖諭所云勉從中制者也

君喪

世謂漢文帝之喪以日易月考之于史但行于吏民而未嘗槩之臣子也詔曰令到吏民三日釋服天子之喪當齊

衰三月而今以三日故謂之以日易月也又曰殿中當臨者旦夕各十五舉音已下服大紅十五日小紅十四日纖七日釋服已下者下棺謂已葬也自始崩至于葬皆衰及葬已而大功而小功而纖以示变除之漸自始崩至于葬既無定日劉攽曰文帝制此喪服斷自已葬之後其未葬之前則服斬衰漢諸帝自崩至葬有百餘日者未葬則服不除矣後世遂以日易月又不通計葬之日皆大謬也而已葬之後变為輕服則又三十六日總而計之則亦百餘日矣此所以制其臣子者未嘗以日易月也至于臣庶之喪不為制禮而聽其自行或厚或薄魏其武安傳言欲以礼為服制以興太平是知漢初未立服制然三年之喪其能行者鮮矣孟子滕文公定為三年之喪父兄百官皆不欲曰吾宗國魯先君莫之行吾先君亦莫之行也喪紀之廢已久是史書所記公孫弘後母卒服喪三年史記

本傳哀帝時河間王良喪太后三年為宗室儀表益封萬戶漢書本紀原涉父死行喪冢廬三年繇是顯名京師游俠傳銚期父卒服喪三年韋彪父母卒哀毀三年不出廬寢服竟羸瘠骨立並後漢書本傳鮑昂處喪毀瘠三年服闋遂潛於墓次鮑永傳薛包為父及後母行六年服喪過乎哀刘趙淳于傳此從其厚者矣翟方進後母終既葬三十六日除服起視事以為身備漢相不敢踰國家之制漢書本傳此從其薄者矣東海王臻及弟蒸鄉侯儉母卒皆吐血毀眥至服練紅追念初喪父幼小哀礼有闕因復重行喪制後漢書本傳袁紹生而父死弱冠除濮陽長遭母喪服竟又追行父服凡在冢廬六年三國志注引英雄記後漢書同此失之前而追行于後者矣薛宣為丞

相弟修為臨菑令後母病死修去官持服宣謂修三年服少能行之者兄弟相駁不可修遂竟服此一門之內而厚薄各從其意者矣（漢書本傳）然而哀帝綏和二年詔博士弟子父母死予寧三年（師古曰寧謂處家持喪服漢書本紀）而應劭言漢律不為親行三年服不得選舉（揚雄傳注）是其所以訓之臣庶者未嘗不以三年為制也若夫君喪之礼自戰國以来固已久廢文帝乃特著之為令以干百姓之譽而反以蒙後代無窮之譏（平帝崩王莽令吏六百石以上皆服喪三年）至唐玄宗肅宗之喪遂改為初崩之後二十七日（舊唐書崔祐甫傳載常袞之議云礼為君斬衰三年漢文帝權制三十六日我太宗文皇帝崩遺詔亦三十六日羣臣不忍既葬而除墨盡四月高宗崩如漢故事武太后崩亦然及玄宗肅宗崩始變天子喪為二十七日）蓋變而逾短而亦不無追咎夫漢文之之

作俑矣

晉書羊祜傳文帝崩祜謂傅玄曰三年之喪雖貴遂服自天子達漢文除之今主上天縱至孝雖奪服實行喪禮若因此革漢魏之薄而興先王之法不亦善乎玄曰漢文以末世淺薄不能行國君之喪故因而除之除之數百年一旦復古難行也祜曰不能使天下如礼且使人主遂服不猶善乎玄曰此為有父子而無君臣三綱之道虧矣祜乃止傳玄之言所謂禦人以口給者也不能緣人主之孝思善推其所為以立一王之制而徒以狥流俗之失未幾而賈后弑姑五胡更帝豈非詒謀之不 裕哉

後秦姚興母虵氏卒興哀毀過礼不親庶政羣臣請依漢

魏故事既葬即吉尚書郎李嵩上疏言既葬之後應素服臨朝率先天下仁孝之舉也興從之若傳玄杜預之見其不及姚興之臣遠矣

宋神宗崩范祖禹上疏論喪服之制曰先王制礼君服同于父斬衰三年盖恐為人臣者不以父事其君自漢以来不惟人臣無服人君遂不為三年之喪國朝自祖宗以来外廷雖用易月之制宮中實行三年服君服如古典而臣下猶依漢制故十二月而小祥期而又小祥二十四日而大祥再期而又大祥（按此唐制非漢制范誤）既以日為之又以月為之此礼之無據者也古者再期而大祥中月而禫禫者祭之名非服之色今乃為之慘服三日而後禫此礼之不經者

也服既除至葬又服之祔廟後即吉纔八月而遽純吉無所不佩此又禮之無漸者也朔望羣臣朝服以造殯宮是以吉服臨喪人主衰服在上是以先帝之服為人主之私喪此二者皆禮之所不安也寧宗小祥詔羣臣服純吉真德秀爭之曰自漢文帝率情變古惟我孝宗衰服三年朝衣朝冠皆以大布惜當時不并定臣下執喪之禮此千載無窮之憾孝宗崩從臣羅點等議令羣臣易月之後未釋衰服惟朝會治事權用黑帶公服時序仍臨慰至大祥始除佗胃柄政始以小祥從吉且帶不以金鞓不以紅佩不以魚鞍轎不以文繡此于羣臣何損朝議何傷議遂止然迄未有能酌三代聖王之遺意而立為中制者

楊用修曰舜典二十有八載帝乃殂落百姓如喪考妣三年百姓有爵命者也為君斬衰三年礼也四海遏密八音礼不下庶人且有農畝服賈力役之事豈能皆服斬衰但遏密八音而已此當時君喪礼制

朱子作君臣服議曰古之所謂方喪三年者盖曰比方于父母之喪云尔盖事親者親死而致喪三年情之至義之盡也事師者師死而心喪三年謂其哀如父毋而無服情之至而義有所不得盡者也事君者君死而方喪三年謂其服如父毋而分有親疎此義之至而情或有不至于其盡者也當參度人情斟酌古今之宜分別貴賤親疎之等以為降殺之節且以嫁娶一事言之則宜自一月之外許

軍民三月之外許士吏復士之後許選人祔廟之後許承議郎已下小祥之後許朝請大夫以下大祥之後許中大夫以下各借吉三日其太中大夫以上則並須禫祭然後行吉礼爲官卑而差遣職事高者從高遷官者從新貶官者從舊如此則亦不悖于古無害于今庶乎其可行矣

太倉陸道威世儀嘗欲爲君喪五服之圖其畧謂嗣君及勳戚大臣斬衰三年文武臣一品以下斬衰期年四品以下斬衰九月七品以下斬衰五月士庶人斬衰三月庶君臣之情不至邈然相絶而服有降殺亦不至扞格难行蓋本朱子之意而實出于魏孝文所云羣臣各以親疏貴賤遠近爲除服之差庶幾稍近于古易行于今之說然三代

之制亦未嘗不然所謂為君斬衰三年者諸侯為天子卿大夫為其國君家臣為其主若庶人之為其國君但齊衰三月白虎通曰王者崩京師之民喪三月何民賤故三月而已又曰王者崩臣下服之有先後何恩有淺深遠近故制有日月服問曰君為天子三年夫人如外宗之為君也世子不為天子服註曰不服與畿外之民同而諸侯之大夫以時接見乎天子則繐衰裳牡麻絰既葬除之襍記曰大夫次于公館以終喪士練而歸大夫居廬士居堊室此言國君之喪正義以為位尊恩重位卑恩輕之等禮弓曰公之喪諸達官之長杖是則所以別親踈明貴賤者則固有不同矣今自天子之外別無所謂國君而等威之辨則未嘗有異于古茍稱情而制服使三代之礼復見于今日而人知尊君親上之義亦厚俗之一端也朱子曰百官如喪考妣

其本分四海遏密八音以礼論之則為過也為天子服三年之喪則是畿内諸侯之國則不然礼為君為父但服斬衰君謂天子諸侯及大夫之有地者大夫之邑以大夫為君大夫以諸侯為君諸侯以天子為君各為其君服斬衰諸侯之大夫卿為天子服齊衰三月礼無二斬故也民則畿内者為天子齊衰三月畿外無服　公之喪諸達官之長杖達官謂通于君得奏事者各從其長其長杖其下者不杖可知　問後世不封建諸侯天下一統百姓當為天子何服曰三月天下服地雖有遠近聞喪有先後然亦不過三月

喪禮主人不得升堂

濟陽張爾岐言今人受弔之位主人伏哭于柩東賓入門北面而弔拜畢主人下堂北面拜賓相習以為定位鮮有知其非者不知方伏哭柩東時婦女當在何所乎女賓至主人避之否乎主人避而賓之至又將何所伏而待乎既失男女内外之位又妨主賓拜謝之節考之士喪礼主人

入坐于床東衆主人在其後西面婦人俠牀東面北未歛以前主人室中之哭位也其拜賓則升降自西階即位于西階東南面拜之固已不待賓于堂上矣及其既歛而殯也居門外倚廬唯朝夕哭乃入門而奠其入門也主人堂下直東序西面北上外兄弟在其南〻上賓繼之北上門東北面西上門西北面東上西方東面北上主人固不復在堂上矣所以然者其時即位于堂南上者唯婦人故主人不得升堂也今主人柩東拜伏之位正古人主婦之位也若依周公孔子之故未歛以前則以柩東爲位既歛而殯則堂下直東序西面是其位也主人正位于此則内外之辨賓主之儀無適而不當矣

南史孔秀之遺令曰世人以僕妾直靈助哭當繇喪主不能淳至欲以多聲相亂竟而有靈吾當笑之

居喪不弔人

禮父母之喪不弔人情有所專而不及乎他也孔子曰三年之喪練不群立不旅行君子礼以飾情三年之喪而弔哭不亦虛乎穀梁子曰周人有喪魯人有喪周人弔魯人不弔天子之喪猶可以不弔而況朋友故人之喪乎（孔氏曰若有服者則往哭）或疑末世改重事繁有喪之人不能不出獨廢此禮有所难行是亦必待既葬卒哭之後或庶乎其可也

像設

古之于喪也有重于祔也有主以依神于祭也有尸以象

神而無所謂像也左傳言嘗于太公之廟麻嬰為尸孟子亦曰弟為尸而春秋以後不聞有尸之事宋玉招魂始有像設君室之文尸礼廢而像事興盖在戰國之時矣漢文翁成都石室設孔子坐像其坐斂蹠向後屈膝當前七十二弟子侍于两旁朱子白鹿洞書院只作礼殿依開元禮臨祭設席不立像

正統三年巡按湖廣監察御史陳祚奏南嶽衡山神廟歲久頽壞塑像剥落請重修立依祭祀山川制度内築壇壝外立厨庫繚以周垣附以齋室而去其廟宇塑像則禮制合經神祇不瀆事下礼部尚書胡濙以為國初更定神號不除像設必有明見难以准行今按鳳陽縣志言洪武三年詔天下城隍止立神主称某府某州某縣城隍之神前

時爵號一皆革去未幾又令城隍神有泥塑像在正中者以水浸之泥在正中壁上却畫雲山圖像在兩廊者泥在兩廊壁上千載之陋習爲之一變後人多未之知嘉靖九年詔革先師孔子封爵塑像有司依違多于殿内添砌一墻置像于中以塞明詔甚矣愚俗之難曉也

宋文恪訥國子監碑言夫子而下像不土繪祀以神主數百年夷習乃革是則聖祖已先定此制獨未通行天下爾

配享

周程張朱五子之從祀定于理宗淳祐元年顔曾思孟四子之配享定于度宗咸淳三年自此之後國無異論士無異習歷胡元至于我朝中國之統亡而先王之道存理宗

之功大矣宋史贊言身當季運弗獲大效後世有以理學復古帝王之治者考論匡直輔翼之功實自帝始

十哲

孟子言他日子夏子張子游以有若似聖人欲以所事孔子事之彊曾子曾子曰不可江漢以濯之秋陽以暴之皜皜乎不可尚已慈谿黃氏震曰門人以有若言行氣象類孔子而欲以事孔子之禮事之有若之所學何如也曾子以孔子自生民以來未之有非有若之所可繼而止之而非貶有若也有若雖不足以比孔子而孔門之所推尚一時無及有若可知咸淳三年升從祀以補十哲衆議必有若也祭酒為書力詆有若不當升而升子張宋史禮志度宗咸淳三年正月戊申封顓孫師陳囯公升十哲位不知論語一書孔子未嘗深許子張

按理宗作顔孫子贊其末語云色取行違作戒後人亦似不足之辭據孟子此章則子張正欲事有若者也陸象山天資高明指心頓悟不欲人從事學問故嘗斥有子孝弟之説爲支離索何習其説者不察而敢攻之于千載之下邪當時之論如此愚按論語首篇即録有子之言者三而與曾子並稱曰子門人實欲以二子接孔子之傳者傳記言孔子之卒哀公誄之有若之喪悼公弔焉其為魯人所重又可知矣十哲之祀允宜釐正孟子不曰有若似孔子而曰有若似聖人史記乃云有若狀似孔子謬甚

嘉靖更定從祀

古人每事必祭其始之人耕之祭先農也桑之祭先蠶也學之祭先師也一也舊唐書太宗貞觀二十一年二月壬

申詔以左丘明卜子夏公羊高穀梁赤伏勝高堂生戴聖毛萇孔安國劉向鄭衆杜子春馬融盧植鄭玄服虔賈逵何休王肅王弼杜預范甯等二十二人太宗紀無賈逵止二十一人今依禮儀志增又按唐六典祠部名有賈逵然貞觀時未祀七十二弟子則為二十二人開元八年勑七十二子並許從祀則卜子夏已在其中而先儒止二十一人六典国子祭酒代用司業條云七十二弟子及先儒二十二賢則亦誤也其書垂于國冑自今有事于太學並令配享宣尼廟堂蓋所以報其傳註之功迄乎宋之仁英未有改易可謂得古人敬學尊師之意者矣神宗元豊七年始進荀況楊雄韓愈三人此三人之書雖有合于聖人而無傳註之功不當祀也祀之者為王安石配享王雱從祀地也宋史礼志神宗熙寧七年從晉州州學教授陸長愈言以孟子同顏子配享殿上封荀況蘭陵伯揚雄成都伯韓愈昌黎伯並從祀于左丘明

等二十二賢之間徽宗政和三年封王安石舒王同顏子
孟子配享毀上安石子雱臨川伯從祀諸賢之末共封
三人為增入從祀之始而不及董仲舒至元文宗至順元年方進仲舒從祀理宗寶慶三年進
朱熹淳祐元年進周頤避光廟諱去惇字張載程顥程頤景定二
年進張栻呂祖謙度宗咸淳三年進邵雍司馬光以今論
之唯程子之易傳朱子之四書章句集註易本義詩傳及
蔡氏之尚書集傳胡氏之春秋傳陳氏之禮記集說是所
謂代用其書垂于国胄者尔成化三年五月乙卯太常寺少卿兼翰林院侍讀學士刘
定之請以元儒陳澔以胡安国蔡沈例從祀勅下江西考其行事以聞南軒之論語解東萊
之讀詩記抑又次之而太極圖通書西銘正蒙亦羽翼六
經之作也至有明嘉靖九年欲以制礼之功蓋其豐昵之
失而逞私妄議輒為出入殊乖古人之旨去戴聖刘向馬融賈逵何休王

肅王弼杜預又改鄭衆盧植鄭玄服虔范甯祀于其鄉二
十二人之中惟存九人　成化初刘定之議以為左丘明
以下經師二十二人雖其中不無可議然當世衰道微失
于秦黃老于漢佛于魏晉之時而此二十二人者守其遺
經轉相付授講說注釋各竭其才以待後之學者則其為
功殆亦殊文武成康之子孫雖衰皆微弱無所振作尚能
保守姬姓之宗祀譜牒以閱歷春秋戰國不亡而幸存者
也雖有大過亦當宥之况小失乎　之曰愚竊以為仲尼
素王也七十子助其創業者也夫以一事之瑕而廢傳經
二十二經師助其重統者也
之祀則寧我之短喪再有之聚歛亦不當列于十哲乎棄
漢儒保殘守缺之功而奬末流論性談天之學于是語録
之書日增月益而五經之義委之榛蕪自明人之議從祀
始也有王者作其必遵貞觀之制乎
嘉靖之從祀進歐陽修者為大礼也出于在上之私意也
進陸九淵者為王守仁也出于在下之私意也與宗人之

進荀楊韓三子而安石封舒王配享同一道也

成化四年　奏謂漢晉之時道統無傳所幸有專門之師講誦聖經以詔學者斯文賴以不墜此馬融范甯諸人雖學行未純亦不得而廢

祭禮

陸道威著思辨録欲于祭礼之中而寓立宗之意謂古人最重宗子然宗子欲兼一族衆無如祭法文公家礼所載祭礼雖詳整有法顧唯宗子而有官爵及富厚者方得行之不能通諸貧士又一歲四合族衆繁重難舉無差等隆殺之別愚意欲倣古族食世降一等之意定為宗祭法歲始則祭始祖凡五服之外皆與大宗主之仲春則祭四代以

高祖為主曾祖以下分昭穆居左右合同高祖之衆繼高之宗主之仲夏則祭三代以曾祖為主祖考則分昭穆居左右合同曾祖之衆繼曾之宗主之仲秋則祭二代以祖為主考妣居左昭位合同祖之衆繼祖之宗主之仲冬則祭一代以考為主合同父昆弟繼禰之宗主之皆宗子主祭而其餘子則獻物以助祭不惟愛敬各盡而祖考高曾隆殺有等一從再從遠近有別矣于古禮初無所倍或曰高曾祖考祭則俱祭古人具有成法不當隨時加損答之曰凡礼皆以義起耳礼有云上殺旁殺下殺中庸言親親之殺是古人于礼凡事皆有等殺况喪礼服制父母皆服三年而高祖則齊衰三月此今律文是喪礼已有等殺何獨于

祭礼不可行乎此雖刱舉恐不無補于風教也

女巫

周礼女巫舞雩但用之旱暵之時使女巫舞旱祭崇陰也礼記檀弓歲旱穆公召縣子而問曰吾欲暴巫而奚若曰天則不雨而望之愚婦人無乃已疏乎此用女巫之證也漢因秦滅學祠祀用女巫後魏郊天之礼女巫升壇搖鼓帝拜后肅拜杜岐公曰道武帝南平姑臧東下山東足爲雄武之主其時用事大臣崔浩李順李孝伯等多是謀猷之士少有通儒碩學所以郊祀上帝六宮及女巫預焉魏書高祖紀延興二年二月乙巳詔曰尼父稟達聖之姿体生知之量窮理盡性道光四海頃者淮徐未賓廟隔非

所致令祀典寖頓礼章殄滅遂使女巫妖覡浮進非礼殺牲歌舞倡優媟狎豈所以尊明神敬聖道者也自今以後有祭孔子廟制用酒脯而已不聽婦女合雜以祈非望之福犯者以違制論大金國志世宗大定二十六年二月詔曰曩者邊場多事南 方未賓致令孔庙頹落礼典陵遲女巫雜覡淫祀違礼自今 有祭孔庙制用酒脯而已犯者以違制論

唐書黎幹傳代宗時為京兆尹時大旱幹造土龍自與巫覡對舞弥月不應又禱孔子廟帝笑曰丘之禱久矣使毀土龍

陵

當與第廿五卷上下連稱內凡臣民墓皆曰陵參看

古王者之葬稱墓而已左傳曰殽有二陵其南陵夏后皐之墓也書傳亦言桐宮湯墓周官冢人掌公墓之地並言墓不言陵及春秋以降乃有稱丘者楚昭王墓謂之昭丘趙武靈王墓謂之靈丘而吳王闔閭之墓亦名虎丘蓋必其因山而高大者故二三君之外無聞也史記趙世家肅侯十五年起壽陵秦本紀惠文王葬公陵悼武王葬永陵孝文王葬壽陵始有稱陵者後漢書東平憲王蒼傳言園邑之興始自強秦　通典襄陵有晉襄公之陵至漢則無帝不稱陵矣宋施宿會稽志曰自先秦古書帝王墓皆不稱陵而陵之名實自漢始非也

墓祭

太甲之書曰王徂桐宮居憂此古人廬墓之始曾子問宗

子去在他國庶子無爵而居者可以祭乎孔子曰祭哉請問其祭如之何孔子曰向墓而爲壇以時祭若宗子死告于墓而後祭于家然古人祭墓之始史記周本紀武王上祭于畢馬融曰畢文王墓地名也此緯書之言不可信記言古不墓祭宗子去在他國事之變也將祭而爲壇禮之權也秦興西戎宗廟之禮無聞而特起寢殿于墓側見漢官儀宋書禮志漢氏諸陵皆有園寢者承秦所爲也說者以爲古前廟後寢以象人君前有朝後有寢也廟以藏主以四時祭祀寢有衣冠象生之具以薦新漢之西京已崇然禮叔孫通傳言爲原廟渭北衣冠月出游之師古曰從高帝陵寢出衣冠游于高廟每月一爲之韋玄成傳言園中各有寢便殿日祭于寢月祭于廟時祭于便殿寢日四上食廟歲二十五祠便殿歲四祠此皆承秦之制瀆于祭祀如此故後漢明帝永平元年春正月帝率

公卿已下朝于原陵如元會儀而上陵之礼始興蔡邕曰自昔京師在長安時其礼不可盡得聞也光武即世始葬于此明帝嗣位踰年羣臣朝正感先帝不復聞見此礼乃帥公卿百寮就園陵而創焉每正月上丁祀郊廟畢以次上陵百官四姓親家婦女公主諸王大夫外國朝者侍子郡國計吏會陵八月飲酎礼亦如之雒陽諸陵皆以晦朔二十四氣伏臘及四時祠廟日上飯太官送用物園令食監典省其親陵所宮人隨鼓漏理被枕具盥水陳粧具貢禹奏言武帝取好女數千人塡後宮及棄天下昭帝幼弱霍光專事不知礼正皆以後宮女置于園陵今杜陵有宮人數百外戚傳許后之號有杜陵梁美人又云成帝崩班倢伃充奉園陵薨因葬園中而張敞書言昌邑哀王歌舞者張修等十人無子又非姬但良人無官名王薨當罷歸大傅豹等擅留以為哀王国中人不當罷翼奉亦言諸侯王国宜出其過制者是諸侯王国亦有之矣是以安帝尊母孝德皇元妃耿氏為甘陵大貴人桓帝尊母匽氏為愽園貴人靈帝尊母董氏為慎園貴人皆

以陵園為名　程氏演繁露曰魏武置宮人銅雀臺令月朝十五輒向帳作伎陸机為文譏之不知其來有自矣

而十七年正月明帝當謁原陵夜夢先帝太后如平生歡既寤悲不能寐即案歷明旦日吉遂率百官及故客上陵其日甘露降于陵樹帝令百官采取以薦會畢帝從席前伏御床視太后鏡奩中物感動悲涕令易脂澤裝具左右皆泣莫能仰視焉此特士庶人之孝而史傳之以為盛節故陵之崇廟之殺也禮之瀆敬之衰也明帝遺詔無起寢廟藏主于光烈皇后更衣別室而七廟之制遂廢蔡邕以為天子事亡如存之意禮有煩而不可省者殆曲為之說也魏武帝葬高陵有司依漢立陵上祭殿至文帝黃初三年乃詔曰先帝躬履節儉遺詔省約子以述父為孝臣以繼事為忠古不墓祭皆設于廟高

陵上殿屋皆毁壞車馬還廐衣服藏府以從先帝儉德之志及文帝自作終制又曰壽陵無立寢殿造園邑晉宣王遺令子弟羣臣並不得謁陵猶爲近古宋書禮志晉宣帝遺詔子弟羣官皆不得謁陵于是景文遵旨至武帝猶再謁崇陽陵一謁峻平陵然遂不敢謁高原陵至惠帝復止也逮江左初元年崩後諸公始有謁陵辭陵之事蓋緣眷同友執率情而奉非雒京之旧也成帝時中宮亦年年拜陵議者以爲非礼于是遂止以爲永制晉書王導傳自漢魏已來羣臣不拜山陵導以元帝睠同布衣匪惟君臣而已每一崇進皆就拜不勝哀感由是詔百官拜陵自導始也梁武帝後周明帝始皆謁陵唐太宗玄宗亦並行之唐書彭景直傳景龍末爲太常博士時獻昭乾三陵皆日祭景直請罷不從開元二十年勑寒食上墓宜編入五礼永爲恒式胡三省曰唐開元勑寒食上墓礼經無文近代相傳寢以成俗宜許上墓同拜掃礼蓋但許士庶之家行之而人君無此礼也五代會要言後唐莊宗每年寒食出祭謂之破散其後襲而行之歐陽公五代史所謂寒食野祭而焚紙錢即謂此也

而陵寢亦有衣冠嬪御之制（杜子美橋陵詩宮女晚知曙祠官朝見星）韓退之豐陵行曰臣聞神道尚清静三代舊制存諸書墓藏廟祭不可亂欲言非制知何如蓋深非之也若本朝之制無車馬無宮人不起居不進奉亦庶幾得礼之中者與

古人于墓之礼但有奔喪去國二事記曰奔喪者不及殯先之墓北面坐哭盡哀主人之待之也即位于墓左婦人墓右成踊盡哀又曰若除喪而後歸則之墓哭成踊東括髮袒絰拜賓成踊送賓反位又哭盡哀遂除于家不哭又曰奔兄弟之喪先之墓而後之家為位而哭所知之喪則哭于宮而後之墓又曰去国則哭于墓而後行反其国則不哭展墓而入魯昭公之孫于齊也與臧孫如墓謀遂行

吳延州來季子之於王僚也復命哭墓是則古人之至於墓皆有哭泣哀傷之事而祭者吉礼也無舍廟而之墓者也

孟子言孔子之沒子貢築室于塲獨居三年然後歸曲沃衛嵩曰古人為庿以依神無廬墓之事門人既不得奉其廟祀而但廬于冢上以盡其情此亡于禮者之礼也漢以來乃有父母沒而廬墓者不如其置神主何地其奉之墓次歟是野祭之也其空置之祠堂歟是視其体魄反過其神也而懿者以此悖先王之礼僞者以此博孝子之名至于　此風猶未已也且孝如曾子未嘗廬墓孔子封防既反而弟子後至古　人豈有廬墓之事哉

史記孔子世家魯世〻相傳以歲時奉祀孔子冢史言上冢者自孔子留侯〻世家始而諸儒亦講礼鄉飲大射於孔子冢孔子冢大一頃故所居堂弟子内後世因庙藏孔子衣冠琴車書夫礼教出于聖人之門豈有就冢而祭至鄉飲大射尤不可于冢上行之盖孔子教于洙泗之閒所葬之冢在講堂之後孔子既沒弟子即講堂而祀之且行飲射之礼太史公不達以為祭于冢也

漢人以宗廟之礼移于墓陵有人臣而告事于陵者蘇武自匈奴還詔奉一太牢謁武帝園廟是也有上冢而會宗族故人及郡邑之官者樓護為諫大夫使郡國過齊上書求上先人冢因會宗族故之班伯上書願過故郡上父祖

冢有詔太守都尉以下會是也有上冢而大官為之供具者董賢為侍中駙馬都尉上冢有會輒大官為供是也有贈謚而賜之于墓者陰興夫人卒肅宗使五官中郎將持節即墓賜策追謚興曰翼侯是也有人主而臨人臣之墓者光武至湖陽幸樊重墓霍埈葬成都先主率羣寮臨會弔祭因留宿墓上是也有庶民而祭古賢人之墓者曹昭東征賦蘧氏在城之東南兮民亦饗其丘墳文選作尚水經注引此作饗是也人情所趨遂成習俗其流之弊有如楊倫行喪于恭陵者矣有如趙宣葬親而不開埏隧因居其中行服二十餘年者矣陳蕃傳至乃市賈小民相聚為宣陵孝子者數十人皆除太子舍人而礼教於斯大壞矣

招魂之葬于古未聞三輔黄圖言漢太上皇陵在櫟陽北原在東者太上皇在西者昭靈后高帝母起兵時死于小黄則疑其私於此矣晋東海王越柩為石勒所焚妃裴氏渡江欲招魂葬越元帝詔有司詳議博士傅純曰聖人制礼以事縁情設冢椁以藏形而事之以凶立廟祧以安神而奉之以吉送形而往迎精而還此墓庙之大分形神之異制也至于室庙寢庙祊祭非一處所以廣求神之道而獨不祭于墓明非神之所處也今亂形神之别錯庙墓之宜違礼失義莫大于此于是下詔不許

唐高宗顯慶三年十一月伊麗道行軍副摠管蕭嗣業擒阿史那賀魯至京師甲午獻于昭陵總章元年十月司空

李勣破高麗虜高藏男建男産等至京師獻于昭陵許敬宗言古者軍凱旋則飲至于廟未聞獻馘于陵者然陛下奉園寢與宗廟等可行不疑此亦所謂自我作古者矣

唐時陵寢嘗有鷹犬之奉玄宗開元二十年四月辛未詔曰園陵之地衣冠所游凡厥有司罔不祗事頃者別致鷹狗供奉山陵至于料度極多費損昔戒禽荒既非尋常所用遠惟龍馭每以仁愛為心彼耕象與耘鳥且增哀慕豈飛蒼而走黄更脩畋獵有乖儀式無益崇嚴諸陵所有供奉鷹狗等並宜即停

天寶二年八月制曰禮祀者所以展誠敬之心薦新者所以申霜露之思自流火屆期商風改律載深追遠感物增

懷且詩著授衣令存休澣在于臣子猶及思私恭事園陵未標典式自今以後每至九月一日薦衣于陵寢貽範千載庶展孝思且仲夏端午事無典實傳之淺俗遂乃移風況乎以孝道人因親設教感游衣于漢紀成獻報于礼文宣示庶寮令知朕意今閑中之俗有所謂送寒衣者其遺教也今俗乃用十月一日

厚葬

晉書索綝傳建興中盜發漢霸杜二陵文帝霸陵宣帝杜陵多獲珍寶帝問綝曰漢陵中物何乃多耶綝對曰漢天子即位一年而為陵天下貢賦三分之一供宗廟一供賓客一充山陵武帝饗年久長比崩而茂陵不復容物其樹皆已可拱

赤眉取陵中物不能減半于今猶有朽帛委積珠玉未盡此二陵謂霸杜是儉者耳亦百世之誡漢書王莽傳赤眉發掘園陵唯霸陵杜陵完

按史記孝文紀言治霸陵皆以瓦器不得以金銀銅錫爲飾而劉向諫昌陵疏亦以孝文薄葬処爲後王之則然考之張湯傳則武帝之世已有盜發孝文園瘞錢者矣蓋自春秋列國以來厚葬之俗雖以孝文之明達儉約且猶不能盡除而史策所書未必皆爲實録也

左傳成公二年八月宋文公卒始厚葬用蜃炭灰益車馬始用殉重器備椁有四阿棺有翰檜君子謂華元樂舉于是乎不臣〻治煩去惑者也是以伏死而爭今二子者君生則縱其惑死又益其侈是棄君于惡也何臣之有

呂氏春秋節喪篇曰審知生聖人之要也審知死聖人之極也知生也者不以害生養生之謂也知死也者不以害死安死之謂也此二者聖人之所獨決也凡生于天地之間其必有死所不免也孝子之重其親也慈親之愛其子也痛于肌骨性也所重所愛死而棄之溝壑人之情不忍為也故有葬死之義葬也者藏也慈親孝子之所慎也慎之者以生人之心慮以生人之心為死者慮也莫如無動莫如無發無發無動莫如無有可利則此之謂重閉古之人有藏于廣野深山而安者矣非珠玉國寶之謂也葬不可不藏也葬淺則狐狸抇之抇讀掘深則及于水泉故凡葬必于高陵之上以避狐狸之患水泉之湿此則善矣而忘

姦邪盜賊寇亂之難豈不惑哉譬之若醫師之避桂也避桂而疾觸杖也狐狸水泉姦邪盜賊寇亂之患此杖之大者也慈親孝子避之者得葬之情矣善棺椁所以避螻蟻蛇虫也今世俗大亂之主愈侈其葬則心非為乎死者慮也生者以相矜尚也侈靡者以為榮儉節者以為陋不以便死為故而徒以生者之誹譽為務此非慈親孝子之心也民之於利也犯流矢蹈白刃涉血盩肝以求之盩古抽字野人之無聞者忍親戚兄弟知交以求利今無此之危無此之醜其為利甚厚乘車食肉澤及子孫雖聖人猶不能禁而況于国彌大家彌富葬彌厚含珠鱗施含珠口實也鱗施施玉于死者之体若魚鱗也玩好貨寶鐘鼎壺濫以冰置水漿于其中為濫取其冷也輿馬衣被

戈斂不可勝数諸養生之具無不從者題湊之室室椁也題湊復累棺椁数襲積石積炭以環其外奸人聞之傳以相告上雖以嚴威重罪禁之猶不可止且死者弥久生者弥疏生者弥疏則守者弥怠守者弥怠而葬器如故其勢固不安矣安死篇曰世之為丘壟也其高大若山其樹之若林其設闕庭為宫室造賓阼也若都邑以此觀世示富則可矣以此為死則不可也夫死其視萬歲猶一瞚也瞚古瞬字人之壽久之不過百中壽不過六十以百與六十為無窮者之慮其情必不相當矣以無窮為死者之慮則得之矣今有人於此為石銘置之壟上曰此其中之物具珠玉玩好財物寶器甚多不可不抇抇之必大富世世乘車食肉人必

相與笑之以為大惑世之厚葬也有似于此自古及今未有不亡之國也無不亡之国是無不扣之墓也以耳目所聞見齊荆燕嘗亡矣（齊湣王楚平王燕王噲）宋中山已亡矣趙魏韓皆亡矣（作書之時秦初并三晉）其皆故国矣自此以上者亡國不可勝數（上猶前也）是故大墓無不扣也而世皆争為之豈不悲哉君之不令民父之不孝子兄之不悌弟皆鄉里之所釜融者而逐之（融鬲同史記蔡澤傳入韓魏遇奪釜鬲于塗）憚耕稼採薪之勞不肯官人事而祈美衣侈食之樂智巧窮屈無以為之於是乎聚羣多之徒以深山廣澤林藪扑擊遏奪又視名立大墓葬之厚者求舍便居以微相之日夜不休必得所利相與分之夫有所愛所重而令姦邪盜賊寇亂之人卒必辱之此

孝子忠臣親父交友之大事堯葬于穀林通樹之舜葬于
紀市不變其肆禹葬于會稽不變人徒（變動也言無所興造不擾民也）是
故先王以儉節葬死也非愛其費也非惡其勞也以為死
者慮也先王之所惡惟死者之辱也發則必辱儉則不發
故先王之葬必儉必合必同何謂合何謂同葬于山林則
合乎山林葬于陵隰則同乎陵隰此之謂愛人夫愛人者
衆知愛人者寡故宋未亡而東冢抇（東冢文公冢也文公厚葬故冢被發也冢
在城東謂之東冢）齊未亡而莊公冢抇（莊公名購僖公之父在位六十四年）國安寧
而猶若此又況百世之後而國已亡乎故孝子忠臣親父
交友不可不察于此也夫愛之而反危之其此之謂乎魯
季孫有喪孔子往弔之入門而左從容也主人以璠璵收

卅季平子意如之喪也主人桓子斯也收斂也孔子徑庭而趋歷級而上曰以寶玉收譬之猶暴骸中原也言必發掘徑庭歷級非礼也雖然以救過也

前代陵墓

漢高帝十二年十二月詔曰秦皇帝楚隱王師古曰陳勝也魏安釐王齊愍王趙悼襄王皆絶亡後其與秦皇帝守冢二十家楚魏齊各十家趙及魏公子亡忌師古曰即信陵君也各五家令視其冢復亡與它事魏明帝景初二年五月戊子詔曰昔漢高創業光武中興謀除殘暴功昭四海而墳陵崩頹童兒牧豎踐蹈其上非大魏尊崇所承代之意也其表高祖光武陵四面各百步不得使民耕牧樵採宋武帝永初元

年閏月壬午朔詔曰晉世帝后及藩王諸陵守衛宜便置格其名賢先哲見優前代或立德著節或寧乱庇民墳墓未遠並宜洒掃主者具條以聞南齊明帝建武二年十二月丁酉詔曰舊国都邑望之悵然況乃身經南面負扆宸居或功濟當時德覃一世而塋壠欑穢封樹不修豈直嗟深牧豎悲甚信陵而已哉昔中京淪覆鼎玉東遷晉元締構之始簡文遺詠在民而松門夷替埏路榛蕪雖年代殊往撫事興懷晉帝諸陵悉加修理并增守衛梁武帝天監六年詔曰命世興王嗣賢傳業声称不朽人代徂遷二賓以位三恪義在時事浸遠宿草榛蕪望古興懷言念愴然晉宋齊三代諸陵有司勤加守護勿令細民侵毀作兵有

以補使充足前無守視並可量給文選載任昉為卞彬謝修卞忠貞墓啓魏高祖太和二十年五月丙戌詔漢魏晋諸帝陵各禁方百步不得樵蘇踐籍孝明熙平元年七月詔曰先賢列聖道冠生民仁風盛德煥乎圖史暨曆数永終迹隨物變陵隧杳靄鞠為茂草古帝諸陵多見踐籍可明勅所在諸有帝王墳陵四面各五十步勿听樵牧隋煬帝大業二年十二月庚寅詔曰前代帝王因時創業君民建国礼尊南面而歷運推移年世永久丘壟殘毀樵牧相趍塋兆埋蕪封樹莫辨興言淪滅有愴于懷自古以來帝王陵墓可給隨近十戶蠲其襍役以供守視唐太宗詔見下唐玄宗天寶三載十二月詔自古聖帝明王陵墓有頹毀者宜令管內量事修葺

仍明立標記禁其樵採古人于異代山陵必為之修護若此陳書淳于量傳坐就江陰王蕭季卿買梁陵中樹季卿坐免量免侍中宋熙寧中興利之臣建議前代帝王陵寢許民請射耕墾而唐之諸陵悉見芟刜昭陵喬木翦伐無遺宋史鄧潤甫傳小民何識自上導之靡存愛樹之思但逐樵蘇之利吁非一朝之故矣

金太宗天會二年二月詔有盜發遼諸陵者罪死七年二月甲戌詔禁醫巫閭山遼代山陵樵採金史斡魯古孛堇傳乾州後為閭陽縣遼諸陵多在其禁無所犯獨元之世祖縱楊璉真伽發宋會稽攢宮不問此自古所為之大變也元史楊璉真加為江南釋教總統發掘故宋趙氏諸陵之在錢塘紹興者及其大臣冢墓凡一百一所

本朝洪武九年八月己酉遣国子生周渭等三十一人分視歷代帝王陵寢命百步內禁人樵牧設陵户二人守之有經兵燹而崩摧者有司督近陵之民以時封培每三年一遣使致祭其后每登極詔書並有此文而有司之能留意者鮮矣

魏高祖太和十九年九月丁亥詔曰諸有旧墓銘記見存昭然為時人所知者三公及位從公者去墓三十步尚書令僕九列十五步黄門五校十步各不聽墾殖陳文帝天嘉六年八月丁丑詔曰梁室多故禍乱相尋兵甲紛紜十年不解不逞之徒虐流生氣無賴之屬暴及徂魂江左肇基王者攸宅金行水位之主木運火德之君時更四代歲

逾二百若其經綸王業搢紳民望忠臣孝子何世無之而零落山丘變移陵谷咸皆剪伐莫不侵殘玉杯得于民間漆簡傳于世載無復五株之樹罕見千年之表自天祚光啓恭惟揖讓爰暨朕躬聿修祖武雖復旂旗服色猶行杞宋之封每車駕巡游聆瞻河雒之路故橋山之祀蘋藻弗虧驪山之墳松柏恒守惟戚藩舊龍七子故塋掩殣未周樵牧猶免或親屬流隸負土無期子孫冥滅手植何寄漢高留連於無忌宋祖惆悵于子房丘墓生哀性靈共惻者也朕所以興言永日思慰幽泉惟前代侯王自古忠列墳冢被發絶無後者可簡行修治墓中樹木勿得樵採庶幽顯咸暢稱朕意焉

唐太宗貞观四年九月壬午詔曰欽若稽古緬想往册英聲茂實志深褒尚始茲巡省眺矚中途漢氏諸陵北阜斯託寂寥千載邈而無祀歷選列辟遺跡可观良宰名卿清徽不滅宜令所司普加研訪爰自上古迄于隋室諸有明王聖帝盛德寵功定亂弭灾安民濟物及賢臣烈士立言顯行締武經文致君利俗丘壟可識塋兆見在者各隨所在條録申奏每加巡簡禁絶芻牧春秋二時為之致祭若有毀壞即宜修補務令周盡以稱朕意是則不獨前代山陵即士大夫之丘墓並為封禁亦興王之一事可為后世法者矣

停喪

停喪之事自古所無自建安離析永嘉播竄于是有不得已而停者常婦言魏晉之制祖父未葬者不聽服官（晉書慕容儁載記）而御史中丞刘隗奏諸事敗亡失父母未知吉凶者不得仕進宴樂皆使心喪有犯君子廢小人戮（通典）生者猶然況于既歿是以兗州刺史滕恬為丁零翟所殺屍喪不反恬子羨仕宦不廢論者嫌之（南史鄭鮮之傳鮮之議引楊臻七年不除喪三十餘年不關入事）齊高帝時烏程令顧昌玄坐父法秀宋泰始中北征屍骸不反而昌玄宴樂嬉遊與常人無異有司請加以清議（南齊書本紀）振武將軍丘冠先為休留茂所殺喪屍絕域不可復尋世祖特敕其子雄方敢入仕（河南氏羌傳）當江左偏安之日而猶申此禁豈有死非戰場棺非異域而停久不

葬自同乎人如今人之所為者哉晉書賀循傳為武康令俗多厚葬及有拘忌廻避歲月停喪不葬者循皆禁焉旧唐書顏真卿傳時有鄭延祚者（新書朔方令）母卒二十九年殯僧舍垣地真卿劾奏之兄弟終身不齒天下聳動冊府元龜後周太祖廣順二年十一月丙午勅曰古者立封樹之制定喪葬之期著在典經是為名教洎乎世俗衰薄風化陵遲親歿而多闕送終身後而便為無主或羈束于仕宦或拘忌于陰陽旅櫬不歸遺骸何託但以先王垂訓孝子因心非以厚葬為賢只以稱家為禮掃地而祭尚可以告虔負土成墳所貴乎盡力宜頒條令用警因循庶使九原絶抱恨之魂千古無不歸之骨搢紳人士當体朕懷應內

外文武臣僚幕职州县官選人等今後有父母祖父母亡
没未经遷葬者其主家之長不得輙求仕進所隸司亦不
得申舉解送而宋史王子韶以不葬父母貶官刘昺兄弟
以不葬父母奪职（並本傳）後之王者以礼治人則周祖之詔
魯公之劾不可不著之甲令但使未葬其親之子若孫搢
紳不許入官士人不許赴舉則天下無不葬之喪矣
張稷若爾岐采皇甫謐之名作篤終論其下篇曰葬之習
于後也于是有久而不克葬者是徒知備物豐儀之為厚
其親而不知久而不葬之大悖于礼也先王之制喪礼始
死而襲襲而歛三日而殯殯而治葬具其葬也貴賤有時
天子七月諸侯五月大夫三月士踰月先時而葬者謂之

渴葬後時而葬者謂之怠喪其自襲而斂自斂而殯自殯而葬中間皆不治他事各視其力日夕拮据至葬而已以為所以計安親体者必至乎葬而始畢也襲也斂也殯也皆以期成乎葬者也殯則不可不葬猶之襲則不可不斂斂則不可不殯相待而為始終者也故不可以他事間也今有人親死踰日而不襲踰旬而不斂踰月而不殯苟非狂易喪心之人必有痛乎其中者矣至于累年而不葬則相與安之何也殯者必于客位所以賓之也父母而賓之人子之所不忍也而為之者以將葬故賓之也所以漸即乎遠也殯而不葬是使其親退而不得反于寢進而不得即于墓不猶之客而未得歸歸而未得至者與非人事之

至雖安而人子之大不忍者與晏子春秋生者不得安命之曰蓄憂死者不得葬命之曰蓄哀喪服小記曰久而不葬者唯主喪者不除其餘以麻終月数者除喪則已孔氏曰久而不葬謂有事礙不得依月葬者則三年冠服身皆不得祥除主喪者謂子為父妻為夫臣為君孫為祖父没撽重皆為喪主不得除也其餘謂期以下至緦也劉世明曰喪子雖非喪主亦不得除張憑謂已嫁之女猶不得除天性难可盡奪疑則從重孔叢子司徒文子問于子思曰喪服既除然後乃葬則其服何服子思曰三年之喪未葬服不变除何有為司馬溫公葬論亦云乃知古之人有不幸有故不得葬其親者雖踰三年不除服其心所痛在於未葬以為與未及三月者同實也與未及三月者同實斯不得計時而即吉矣何也喪之郎

吉始于虞而成于禫虞之為礼起于既葬送形而往迎精而反故為虞以安之未葬則無所為而虞不虞則卒哭而祔皆無所為而舉卒哭與祔不得舉又何為而可以練何為而可以祥且禫故雖踰三年與未及三月者同實也未及三月而欲舉祥禫之礼衎道之人弗忍矣喪服小記三年而后葬者必再祭注云謂練祥也葬月虞明月練又明月祥刘世明日礼虞而柱楣翦屏練而毀廬居堊室祥而席禫而床今此虞及練祥雖為局促非追償其事若在異月以其本異歲也練祥之服變除之宜〻如其節也斯其所以可以除而弗除與斯其所以寧斂形還葬縣棺而封而必不敢為溢望奢求以至于久而不葬也與由是言之則人子之未葬其親者未可以虞未可以卒哭也未可以虞未可以卒哭而可以服官乎反末代之澆風舉百王之墜制

必有聖人起而行之者

陳可大曰以麻終月數者期已下至緦之親以主人未葬不得變葛故服麻以至月數足而除不待主人葬後之除也然其服犹必收藏以俟送葬也夫未葬之丧期以下至緦之親且不得變葛而為之子者乃循葬畢之制而練而祥而禫是則今之人其無父母也久矣

魏刘仲武娶毋丘氏生子正舒正則及毋丘儉敗仲武出其妻（司馬師夷儉三族故仲武出妻）更娶王氏生陶仲武為毋丘氏立別舍而不告絕及毋丘氏卒正舒求祔葬陶不許正舒不釋服訟于上下泣血露骨衰裳綴絡數十年弗得以至死亡

宋海虞令何子平母丧去官哀毀踰礼屬大明（孝武帝年號）末

東土飢荒，繼以師旅，八年不得營葬，晝夜號哭，常如袒括之日，冬不衣絮，夏不就清凉，一日以米數合爲粥，不進鹽菜。所居屋敗，不蔽風日，兄子伯興欲爲葺理，子平不肯，曰：我情事未申，天地一罪人耳，屋何宜覆。蔡興宗爲會稽太守，甚加矜賞，爲營冢壙。（朱子采入小學善行篇）梁殷不佞爲武康令，會江陵陷，而母卒，道路隔絕，不得奔赴，四載之中，晝夜號泣。及陳高祖受禪，起戎昭將軍，除婁令，至是四兄不齊，始迎喪柩歸葬，不佞居處禮節如始聞喪，若此者又三年。唐歐陽通爲中書舍人，丁母喪，以歲凶未葬，四年居廬不釋服，冬月家人密以氈絮置所眠席下，通覺，大怒，遽令徹之。元孫瑾父喪停柩四載，衣不解帶。此數事可爲不得已而

停喪者之法

近年亦有一二知礼之士未克葬而不变服者而或且譏之曰夫飲酒食肉處内與夫人間之交際往來一一如平人而獨不变衣冠則文存而實亡也文存而實亡近于為名然則必并其文而去之而後為不近名邪子貢欲去告朔之餼羊子曰賜也爾愛其羊我愛其礼嗚呼夫習俗之难移久矣自非大賢中人之情鮮不動于外者聖人為之弁冕衣裳佩玉以教恭衰麻以教孝介胄以教武故君子耻服其服而無其容使其未葬而不釋衰麻則其悲哀之心痛疾之意必有觸于目而常存者此子游所謂以故興物而為孝子仁人之一助也奚為其必去之也今吳人喪除服則取冠衰

屨杖焚之服終而未葬則藏之柩旁待葬而服既葬服以謝弔客而後除其焚也亦餼羊之猶存者矣詩曰庶見素韠兮我心蘊結兮聊與子如一兮哀公問曰紳委章甫有益于仁乎孔子作色而對曰君胡然焉衰麻苴杖者志不存乎樂非耳弗聞服使然也諸侯之議礼者必有能擇于斯者矣

又考本朝實録永樂七年七月甲戌仁孝皇后喪再期皇太子以母喪未葬禫後仍素服視事至几筵仍衰服八年七月乙巳仁孝皇后忌日以未葬礼同大祥十一年二月葬長陵夫天子之子尚且行之而謂不可通于士庶人乎

後于殯埋之飾而民遂至于不葬其親豈于資送之儀而民遂至于不舉其女于是有反本尚質之書而老氏之書

謂礼為忠信之薄而乱之首則亦過矣豈知召南之女迨其謂之周礼媒氏凡嫁子娶妻入幣純帛無過五兩而夫子之告子路曰歛首足形還葬而無椁称其財斯之謂礼何至如塩鐵論之云送死殫家遣女滿車齊武帝詔書之云斑白不婚露棺累葉者乎馬融有言嫁娶之礼儉則婚者以時矣喪祭之禮約則終者掩藏矣林放問礼之本孔子曰礼與其奢也寧儉其正俗之先務乎宋史孫覔知福州閩俗厚于昏喪其費無藝覔裁為中法使資裝無得過百千令下嫁娶以百數葬埋之費亦率減什五元史干文傳：為婺源知州婺源之俗男女婚聘後富則渝其約有育其女至老死不嫁者親喪貧則不舉有停其柩累數世不葬者文傳下車即召其耆老使以礼訓告之閱三月而婚喪俱畢

假葬

晋武帝太康中前太子洗馬郄詵寄止衛國文學講堂十餘年母亡不致喪歸便于堂北壁外下棺謂之假葬魏志曹洪傳年十餘歲喪父時天下乱宗族各散去鄉里獨與一客擔喪假葬擕將老母渡江假葬字始見于此三年即吉詔用為征東參軍論者以為不合禮鄭志曰趙商問主喪者不除今人違離邦族假葬異國礼不大備要亦有反土之意三年闋矣可得除否答曰葬者送親之終假葬法後代巧偽反可以難礼乎

改殯

古人改殯之礼必反于宮寢不拘即遠之制齊莊公以襄公二十五年為崔杼所弒葬諸士孫之里二十八年崔慶既死十二月乙亥朔齊人遷莊公殯于大寢以其棺尸崔

柎于市二十九年二月癸卯齊入葬莊公于北郭夫自郭外之葬歷三年之久出而遷之路寢為之改殯不以宫廷為忌不以兵死為嫌古人送往慎終之礼如此景公莊公之弟漢和帝以梁貴人酷沒斂葬礼闕乃改殯于承光宫追服喪制蓋附身附棺之物人子所宜自盡若宋之高宗于梓宫入境郎承之以槨上以欺其先人下以欺其百官兆姓誠千古之罪人矣

冊府元龜載後唐莊宗同光二年八月遣宗正少卿李瓊往曹州簡行哀帝陵寢三年正月丙申勅曰朕顧惟寡德獲嗣丕圖奉先之道常勤送往之誠靡怠爰自重興廟社載展郊禋旅蕩滌于瑕疵復滂濡于慶澤盖憂勞靜國壤

宋徽欽沒于五國城高宗屢遣使祈請北歸梓宮凡七年而後許先是選人楊偉上書執政乞奏聞而神櫬之最者斲而視之既而礼官請乃陵於子入境即承之以槨矣时上明知其為欺僞勢力不敢不信而為此掩耳盗鐘之

作聊以慰一時之人心耳宗心不孝之罪千古不可逭然大不在此一事後元有逆髡（此宋室人骸毒可恨耳）宗弦陵徽陵止朽木一段欽止木鐙檠一枚而已備載日於明共矣倘發視之可見此等皆以安之 子详輟耕録

墜承祧御朽若驚涉川為懼繇是推移歲月鬱滞情懷恭念昭宗晏駕之辰少帝登遐之日咸罹虺毒遽殞龍髯委冠劍于佗讎託山陵于梟獍静惟規制豈叶度程存愴結以弥深因寢興而增惕度思改卜式慰允懷宜令所司别選園陵備禮遷葬貴雪幽明之恨以申追慕之心凡有臣寮体朕哀感雖有是命以年饑財不足而止

火葬

火葬之俗盛行於江南自宋時已有之宋史紹興二十七年監登聞鼓院范同言今民俗有所謂火化者生則奉養之具唯恐不至死則燔爇而指棄之國朝著令貧無葬地者許以官地安葬河東地狹人衆雖至親之喪悉皆焚棄

韓琦鎮并州，以官錢市田數頃，給民安葬，至今爲美談。然則承流宣化，使民不畔于禮法，正守臣之職也，事關風化，理宜禁止。仍飭守臣措置荒閑之地，使貧民得以收葬，從之。景定二年，黄震爲吴縣尉，乞免再起化人亭，狀曰：照對本司久例有行香寺，曰通濟，在城外西南一里，本寺久爲焚人空亭約十間，以罔利，合城愚民悉爲所誘，親死即舉而付之烈焰，餘骸不化，則又舉而投之深淵，哀哉！斯人何辜而遭此身後之大戮邪？震久切痛心，以人微位下，欲言未發，乃五月六日夜風雷驟至，獨盡撤其所謂焚人之亭而去之，意者穢氣彰聞，寃魂共訴，皇天震怒，爲絶此根，越明日，據寺僧發覔陳狀爲之備申使府，盖亦幸此亭之壞耳案吏何人敢受寺僧之囑行下本司勒令監造震竊謂此亭爲焚人之親設也人之焚其親不孝之大者也此亭其可再也哉謹案古者小斂大斂以至殯葬皆擗踊爲遷其親之尸而動之也況可得而火之邪舉其尸而畀之火慘虐之極無復人道雖蚩尤作五虐之法商紂爲炮烙之刑皆施之于生前未至戮之於死後也展禽謂夏父弗忌必有殃既葬焚煙徹于上或者天實災之然謂之殃則凶可知也楚子期欲焚麇之師子西戒不可雖敵人之尸猶有所不忍也衛侯掘褚師定子之墓焚之于平莊之上殆自古以來所無之事田單守即墨之孤邑積五年思出萬死一生之計以激其民故襲用其毒誤燕人掘齊墓燒死人

齊人望之涕泣怒十倍而齊破燕矣然則焚其先人之尸為子孫者所痛憤而不自愛其身故田單思之五年出此詭計以誤敵也尉佗在粵聞漢掘燒其先人冢陸賈明其不然與之要約亦曰反則掘燒王先人冢耳夲至不可聞之事以相恐非忍為之也尹齊為淮揚都尉所誅甚多及死仇家欲燒其尸尸亡去歸葬說者謂其尸飛去夫欲燒其尸仇之深也欲燒之而尸亡是死而有靈猶如燒之可畏也漢廣川王去淫虐無道其姬昭信共殺幸姬王昭平王地餘及從婢三人後昭信病夢昭平等乃掘出尸皆燒為灰去與昭信旋亦誅死王莽作焚如之刑燒陳良等亦遂誅滅魏文帝終制畧曰喪乱以来漢氏諸陵無不發掘至乃燒取玉押金鏤骸骨并盡是焚如之刑也豈

既云亡去為飛去如何又歸葬荒唐極矣要是彼家複去歸葬仇家將燒之已亡去耳

不重痛哉東海王越亂晉石勒剖其棺焚其尸曰亂天下者此人也吾為天下報之夫越之惡固宜至此亦夷狄之酷而忍為此也王敦叛逆有司出其尸於瘞焚其衣冠斬之所焚猶衣冠耳惟蘇峻以反誅焚其骨楊玄感反隋亦掘其父素冢焚其骸骨慘虐之門既開因以施之極惡之人周禮秋官掌戮凡殺其親者焚之然非治世法也隋為仁壽宮役夫死道上楊素焚之上聞之不悦夫淫刑如隋文且不忍焚人則痛莫甚于焚人者蔣玄暉瀆亂宮闈朱全忠殺而焚之一死不足以盡其罪也然殺之者常刑焚之者非法非法之虐且不可施之誅死之罪人況可施之父母骨肉乎世之施於于父母骨肉者又往往拾其遺燼而棄之水則宋誅太

子劭逆黨王鸚鵡嚴道育既焚而揚灰于河之故智也慘益甚矣而或者乃以焚人為佛法然聞佛之説戒火自焚也今之焚者戒火邪人火邪自焚邪其子孫邪佛者夷狄之法今吾所處中國邪夷狄邪有識者為之痛惋久矣今通濟寺僧焚人之親以圖利傷風敗俗莫此為甚天幸靡之何可興之欲望台慈矜生民之無知念死者之何罪備榜通濟寺風雷已壞之焚人亭不許再行起置其於哀死慎終實非小補然自宋以來此風日盛國家雖有漏澤園之設而地窄人多不能徧葬相率焚燒名曰火葬習以成俗謂宜每里給空地若干為義冢以待貧民之葬除其祖税而更為之嚴禁焚其親者以不孝罪之庶乎礼教可興

民俗可厚也嗚呼古人于服器之微猶不敢投之于火故于重也埋之于杖也斷而棄之況敢焚及于尸柩乎荼毗之教始于沙門被髮之風終于戎翟辛有之適伊川其亦預見之矣為國以禮後王其念之哉列子言秦之西有儀渠之國者其親戚死聚柴積而焚之燻則煙上謂之登遐然後成為孝子荀子言氐羌之民其虜也不憂其係纍而憂其死不焚也蓋西羌之俗有之

宋以禮教立國而不能革火葬之俗于其亡也乃有楊璉真伽之事

漏澤園之設起于蔡京不可以其人而廢其法

期功喪去官

古人于期功之喪皆棄官除服通典安帝初長吏多避事

棄官乃令自非父母服不得去職考之于書如韋義以兄順喪去官楊仁以兄喪去官龔玄以弟服去官戴封以伯父喪去官馬融遭兄子喪自劾歸陳實以期喪去官賈逵以祖父喪去官又風俗通云範滂父字叔矩博士徵以兄憂不行劉衡碑云爲勃海王郎中令以兄琅邪相憂即日輕舉圉令趙君碑云司徒楊公辟以兄憂不至則兄喪亦謂之憂也曹全碑云遷右扶風槐里令遭全産弟憂棄官則弟喪亦謂之憂也度尚碑云除上虞長以從父憂去官楊著碑云遷高陽令遭從兄沛相憂篤義忘寵飄然輕舉則從父從兄喪亦謂之憂也陳重傳云舉尤異當遷爲會稽太守遭姊憂去官則姊喪亦謂之憂也古人凡喪皆謂之憂其父母喪則謂之

丁大憂見北史李彪傳　王純碑云拜郎失妹寧歸遂釋印紱晉陶淵明作歸去來辭自序曰尋程氏妹喪于武林情在駿奔自免去職則已嫁之妹猶去官以奔其喪也晉嵇紹傳拜徐州刺史以長子喪去職則子喪亦可以去官也後漢末時人多不行妻服荀爽引據大義正之經典雖不悉變亦頗有改者晉泰始中楊旌有伯母服未除而應孝廉舉博士韓光議以宜貶又言天水太守王孔碩舉楊少仲為孝廉有期之喪而行甚致清議而潘岳悼亡詩曰亹亹期月周戚戚彌相愍又曰投心遵朝命揮涕強就車是則期喪既周然後就官之證今代之人躁于得官輕于持服令晉人見之猶當恥與為伍況三代　聖賢之列乎

晋書傳咸傳惠帝時司隷荀愷從兄喪自表赴哀詔聽之而未下愷乃造太傅楊駿咸奏曰死喪之戚兄弟孔懷同堂亡隕方在信宿聖恩矜憫聽使臨喪詔旨未下輒行造謁急諂媚之敬無友于之情宜加顯貶以隆風教張輔傳梁州刺史楊欣有姊喪未經旬車騎長史韓預强聘其女為妻輔為中正貶預以清風俗刘隗傳世子文學王籍之居叔母喪而婚東閣祭酒顔含在叔父喪嫁女隗並奏之廬江太守梁龕明日當除婦服今日請客奏伎丞相長史周顗等三十餘人同會隗奏曰夫嫡妻長子皆杖居廬故周景王有三年之喪既除而宴春秋猶譏况龕匹夫暮宴朝祥慢服之後宜肅喪紀之礼請免龕官削侯爵顗等知

龕有喪吉會非礼宜各奪俸一月從之謝安傳期喪不廢樂王坦之以書喻之不從衣冠效之遂以成俗世頗以此譏焉當日期功之喪朝廷猶以爲重是以上掛彈文下干鄉議史記魏其武安傳丞相語灌夫曰吾欲與仲孺過魏其侯會仲孺有服索隱曰服謂期功之服是則漢時有服不預宴會之證舊唐書王方慶傳奏言令杖期大功喪未葬不預朝賀未終喪不預宴會比來朝官不遵礼法身有哀容陪預朝會手舞足蹈公違憲章名教既虧實玷皇化伏望申明令式禁斷唐時格令未墜前經今則有說齊衰而入大夫之門停殯宮而召親朋之會者至乃髽踊方闋衿鞶已飾敗禮傷教日異歲深宜乎板蕩之哀甚于永嘉之世

嗚呼有人心者則宜于此焉變矣

裴庭裕東觀奏記大中朝有前鄉貢進士楊仁贍女弟出嫁前進士于瓌納函之日有期喪仁贍不易其日憲司糾論貶康州參軍馳驛發遣冊府元龜後唐明宗天成二年九月勅原州司馬聶嶼擢從班列委佐親賢不守條章彊買店宅細詢行止頗駭聽聞喪妻未及于半年別成姻媾棄母不逾于千里不奉晨昏今本處賜死唐季五代之時其法猶重

冊府元龜唐薛膺為左補闕弟齊臨陣為飛矢所中卒膺聞難不及請告馳馬以赴與弟褒庠處喪如礼膺去左補闕庠去河南縣尉直弘文館與褒皆屏居外野布巾終喪蹈名教者推之

宋史王巖叟爲涇州推官聞弟喪棄官歸養呂祖儉監明州倉將上會兄祖謙卒部法半年不上者爲違年祖儉必欲終期喪朝廷從之詔違年者以一年爲限自祖儉始然史之所書亦寥寥矣

漢人有以師喪去官者如延篤孔昱後漢書劉焉蜀志並見于史而荀淑之卒李膺時爲尚書自表師喪則朝廷固已許之矣其亦子貢築室于場三年子羣居則絰之遺意也與

緦喪不得赴舉

宋天禧三年正月乙亥諸路貢舉人郭稹等四千三百人見于崇政殿時稹冒緦喪赴舉爲同輩所訟上命典謁詰之引服付御史臺劾問殿三舉同保人並贖金殿一舉今

制非三年之喪皆得赴舉故士弥躁進而風俗之厚不如昔人遠矣

喪娶

春秋文公二年冬公子遂如齊納幣公羊傳納幣不書此何以書譏何譏爾譏喪娶也娶在三年之外則何譏乎喪娶三年之内不圖婚何休註曰僖公以十二月薨至此未滿二十五月又礼先納采問名納吉乃納幣此四者皆在三年之内故云爾然則納幣猶譏而況于昏嫁乎唐高宗永徽中衡山公主將出降長孫氏議者以時既公除合行吉礼于志寧上疏言礼記曰女子十五而笄二十而嫁有故二十三而嫁鄭玄云有故謂遭喪也春秋書魯莊公如

齊納幣杜預云毋喪未再期而圖婚二傳不譏失禮明故也此則史策具載是非歷然斷在聖情不待問于臣下其有議者云準制公除之後須並從吉漢文帝詔曰天下吏民毋禁取婦嫁女祠祀飲酒食肉此漢文創制其儀為天下百姓至于公主服是斬衰縱使服隨例除無宜情隨例改心喪之内方復成婚非唯違于禮經亦是人情不可伏惟陛下嗣膺寶位臨統萬方理宜繼美羲軒齊芳湯禹弘奬仁孝之日敦崇名教之秋伏願遵高宗之令軌略孝文之權制國家于法無虧公主情禮得畢於是詔公主待三年服闋然後成禮豈非有國之典本于天經地義故守禮之臣猶得引經而爭者哉

晉書載記言石勒下書禁國人不聽在喪嫁娶時勒號胡為国人

金史章宗紀承安五年三月戊辰定妻亡服内婚娶聽離法七月癸亥定居祖父母喪婚娶聽離法夷狄之代猶然今之華人反不講此

實録正統十二年四月楚王季埱奏弟大冶王季堄擇武昌護衛指揮同知翟政妹為妃婚期在迩不意叔崇陽王孟熚薨逝季堄應持服未敢成婚上命礼部議言王于崇陽王當服期年言崇陽王未薨之先君命已下節冊到日合令妃翟氏拜受候服滿成婚從之正月乙未遣永肅侯徐安等持節冊封王妃

天順三年十月庚戌瀋王佶焞奏父康王存日擇潞州民李剛女為弟永年王妃李磐為妹長平郡主儀賓已受封

册未及成婚而父王薨今父葬已越大祥陰陽書謂明年爲弟妹婚不利乞允于今年擇日嫁娶禮部侍郎鄒幹言三年之喪礼之大者服内成親律有明禁今瀋王與郡王郡主俱父喪未終乃惑于陰陽之説而欲廢此喪制乞行長史司啓王俾待服闋成礼上曰是長史不能輔導之罪也其命巡按御史執問如律

十月癸丑廣靈王遜烶薨　癸酉勅靈丘王遜烇曰所奏第四子第五子俱鎮國將軍并女臨城縣主俱已奏報欲于本年九月後成婚且爾兄初喪正哀戚不暇之時乃欲爲男女成婚以廢大礼是豈所忍爲哉不允所奏

憲廟大婚在天順八年之七月雖託之遺詔而士大夫多

以爲非頗南京礼部右侍郎章綸有請待来春之奏

衫帽入見

唐書李訓傳文宗召見訓以縗麤难入禁中令戎服號王山人宋史蔡挺傳仁宗欲知契丹事召対便殿挺時有父丧聽以衫帽入則唐宋有丧者不敢假公服也今人干謁官長輙易青黑與常人無異是又李訓之不如乎

奔丧守制

記曰奔丧者自齊衰以下是古人于期功之喪無有不奔者太祖實録洪武二十三年閏四月甲戌除期年奔丧之制先是百官聞祖父母伯叔父母兄弟丧俱得奔赴至是吏部言祖父母伯叔父母兄弟皆期年服若俱令奔丧守

制或一人連遭數喪或道路數千里則居官日少更易繁數曠官廢事今後除父母及祖父母承重者丁憂外其餘期服不許奔喪詔從之此出于一時權宜之政沿習以來至三百年遂以不奔喪守制爲礼法之當然而倍死忘哀多見于搢紳之士矣

實録又言二十七年四月署北平按察司事監察御史陳德文奏言嫁母劉氏卒乞奔喪許之德文四歲喪父家貧隨母嫁陳氏後年長歸宗至是其母卒時已除奔喪之制德文懇請甚至上特憐而許之是聖祖雖依吏部之奏而仍通人子之情固未嘗執一也

三代聖王教化之事其僅存于今日者惟服制而已喪乱

以来浸已廢隆窃謂父母之喪自非金革不得起復著之

國典人人所知其祖父母伯叔父母兄弟之喪並依洪武

初年之制許令解官奔赴姊妹妻子雖期喪不必解官服滿補职其他

雖持重服而不去官者唐制為嫡子斬衰三年而不去官及大功以下喪

若京官許以素服朝參不預慶賀唐書王方慶傳見上○玄宗開元二十五年十一月丁亥御史大夫李適之奏每當正旦及緣大礼朝官并六品清官並服朱衣六品以下並許通著袴褶朔望日文武朝集使並服袴褶如有慘故准式不合著朱衣袴褶者其日聽不入朝　湯當傳入公門變服今期喪已上慘制是也在外諸司素服治事公服之內仍用麻葛祭祀宴會俾佐貳相

之未任　官無得謁選生員但歲考不赴科舉庶人之家

不許嫁娶十五月禫後復故其有期功喪宴會作樂者官

員罷职士子黜退仍書之申明亭以示清議庶幾民德帰

厚若簀緣干請之風亦不待禁而衰止矣
廣西布政使臧哲以毋喪去官上思之特遣人賜米六十石鈔二十五錠洪武十一年十二月日後凡官以父母喪去職而家居者皆有賜焉
十七年正月命吏部凡官員丁憂已在職五年廉勤無贓私過犯者照名秩給半祿終制在職三年者給三月全祿

丁憂交代

昔時見有司官丁父母憂聞訃奔喪不出半月近代必令交代方許離任至有欠庫未補服闋猶不得歸者是則錢粮為重倫紀為輕既乖宰物之方復失使臣之礼其弊之繇始于刻削太過蓋昔者錢粮掌于縣丞案牘掌于主簿

税課掌于大使予家有嘉靖年買地文契皆用税課司印萬曆後用縣印為全者稽其要而無所與為又皆俸足以贍其用而不取之庫藏故聞計遍行無所留滯而亦不見有那移侵欠之事今則州縣之中錐刀之末上盡取之而大吏之誅求尤苦不給庫藏罄之報以虛文至于近年天下無完庫矣即勒令交代亦不過應之以虛文徒滋不孝之官而無益于國計盈虛之數也嗚呼君人者亦知養廉為教孝之源乎

陶侃謂王貢曰杜弢為益州刺史盜用庫錢父死不奔喪卿本佳人何為隨之也天下寧有白頭賊乎貢遂來降而弢敗走今日居官之輩大半皆如杜弢然如此之人作賊亦不能成也

史言梁高祖丁文皇帝（高祖父丹陽尹順之）憂時為齊隨王鎮西諮議參軍在荆鎮髣髴奉聞便投劔星馳不復寢食倍道前行衝風驚浪不暫停止及居帝位立七廟月中再過每至展拜常涕泗滂沱哀動左右然則明王孝治天下而不遺小國之臣必有使之各盡其情者矣

洪武八年八月戊辰詔百官聞父母喪者不待報許即去官時北平按察司僉事呂本言近制士大夫出仕在外聞父母之喪必待移文原籍審覈俟其還報然後奔喪臣竊以為中外官吏去鄉或一二千里或且萬里及其文移往復近者弥月遠者半年使為人子者銜哀待報比還家則殯葬已畢豈惟莫覩父母容体雖棺柩亦有不及見者揆

之子情深可憐憫臣請自今官吏若遇親喪許令其家屬陳于官移文任所令其奔赴然後覈實庶人子得盡送終之礼而朝廷孝理之道彰矣上然之故有是命

武官丁憂

晉書言姚興下書將帥遭大喪非在疆埸險要之所皆聽奔赴及期乃從王役宋岳飛乞終母喪以張憲攝軍事步歸廬山元史言成宗詔軍官除邊遠出征其餘遇祖父母父母喪依民官例立限奔赴然則今制武官不丁憂非一道同倫之義也國史言洪武二十八年蘭州衛指揮僉事徐導等以父及祖母病卒奏乞扶柩歸葬鄉里廷議勿許上特可之豈非求忠臣必于孝子之門者邪

武宗楊飛人子學

居喪飲酒

唐憲宗元和九年四月癸未京兆府奏故法曹陸賡男慎餘與兄博文居喪衣華服過坊市飲酒食肉詔各決四十慎餘流循州博文遞歸本貫冊府元龜十二年四月辛丑駙馬都尉于季友坐居嫡母喪與進士劉師服宴飲季友削官爵笞四十忠州安置師服笞四十配流連州于頔以不能訓子削階舊唐書本紀以禮坊民而法行于貴戚此唐室之所以復振也

姚興時有給事黄門侍郎古成詵每以天下是非爲己任京兆韋高慕阮籍之爲人居母喪彈琴飲酒詵聞而泣曰吾當私刄斬之以崇風教遂持劔求高高懼而逃匿終身

不敢見氏羌之朝猶有此人

匿喪

後唐明宗天成三年閏八月滑州掌書記孟昇匿母憂大理寺斷流奉勅朕以允從人望嗣守帝圖政必究于化源道每先于德本貴持國法以正人倫孟昇身被儒冠職居賓幕比資籌畫以賛盤維而乃都昧操修但貪榮禄匿母喪而不奔為人子以何堪瀆污時風敗傷名教五刑是重十惡难寬將遣投荒無如去世可賜自盡其觀察使判官録事參軍失于糾察各有殿罰

國恤宴飲

春秋傳言吴公子札自衛如晋將宿于戚衛大夫孫文子邑聞鍾

聲言曰異哉夫子獲罪于君以在此文子以戚叛以懼猶不足而又何樂夫子之在此猶燕之巢于幕上君之在殯獻公卒未葬而可以樂乎遂去之文子聞之終日不聽琴瑟漢魏以下有山陵未成而宴飲者漢書元后傳司隸校尉解光奏曲陽侯王根骨肉至親社稷大臣先帝山陵未成公聘取故掖庭女樂五官殷嚴王飛君等置酒歌舞無人臣礼大不敬不道以根嘗建社稷之策遣就國其兄子成都侯況免為庶人歸故郡魏書甄楷傳除秘書郎世宗崩未葬楷與河南尹丞張普惠等飲戲免官是也有國喪未期而宴飲者晉書鍾雅傳拜尚書左丞奏言肅祖明皇帝棄背萬國尚未期月聖主縞素百僚慘愴尚書梅陶無大臣忠慕之

節家庭侈靡聲伎紛葩絲竹之音流聞衢路宜加放黜以整王憲是也時穆后臨朝特原不問然百僚憚之有國忌而宴飲者舊唐書德宗紀貞元十二年五月丁巳駙馬都尉郭曖王士平及曖弟曙暄坐代宗忌日宴飲貶官歸第是也此皆故事之宜舉行者禮者君之大柄可聽其頹弛而不問乎

宋朝家法

宋世典常不立政事叢脞一代之制殊不足言然其過于前人者數事如人君宮中自行三年之喪一也外言不入于梱二也未及末命即立族子為皇嗣三也不殺大臣及言事官四也此皆漢唐之所不及故得繼世享國至三百餘年若其職官軍旅食貨之制冗雜無紀後之為國者並

當取以爲戒